毒母は連鎖する

子どもを「所有物扱い」する母親たち

旦木瑞穂

光文社新書

はじめに

私はこれまで、『子どもは親の所有物じゃない』『家庭のタブー』と題し、家庭内で起こる様々な事象を執筆テーマとして取り上げ、Ｗｅｂを中心に発表してきました。ダブルケアやシングル介護など、介護を通じて家族の関わり方や親子関係、夫婦関係を深く掘り下げる記事に関しては、１００記事近くにのぼります。

取材や執筆を重ねていく中で、強く関心を持ったのが、いわゆる〝毒親〟でした。毒親という言葉の元になった『毒になる親』（玉置悟訳、講談社＋α文庫、２００１年）の著者スーザン・フォワードによると、毒親とは、「子どもに対するネガティブな行動パターンが執《しつ》拗《よう》に継続し、それが子どもの人生を支配するようになってしまう親」を指します。これは、「自分の都合で子どもの子どもたる時間や居場所を奪い、成人後もその関係を当然のごとく継続する、まさに子どもを自らの所有物として扱う親」と言い換えても良いかもしれません。こうした親こそが毒親であり、毒親から受けた毒は、受けた本人が自覚し、強い意志を持って自分の過去や毒親自身と向き合わない限り、その子どもにも連鎖してしまう傾向があることに気が付きました。

一方で、毒親というものは、「絶対にならない」という保証は誰にもなく、誰もがなってしまう可能性があるとも思っています。

私自身、小学生の娘を持つ母親であり、子育ては、試行錯誤や自己嫌悪の日々です。親なら、できれば自分が毒親となることを避けたいと思うはず。そのヒントや対策があるなら、知りたいはずです。先達に自分が毒親であることに気付き、悩み苦しみ、それを正そうと努力している人がいるなら、その気付きや苦悩、努力の過程を知りたいと思うのではないでしょうか。

毒親の成り立ちや毒親の精神構造、その後の子どもとの関係性など、すでに親である人やこれから親になる人、子どもと関わる仕事をしている人たちにとって、学ぶべきことは少なくないのではないか。そして、自分が毒親に育てられたのではないかと感じている人にとっても、これからの毒親との関わり方や生き方を見直すヒントになるのではないかと考え、この本を企画し、執筆しました。

この本は、前編と後編の二部構成となっています。

◆前編　～私の母は毒母でした。私自身も毒母でした～　は、毒母のもとで育った4人の女性が結婚して子どもを持ったとき、自分も毒母になっていたことに気付いた後、どのようにして毒母の連鎖を止めるのか、その過程を追った4章です。

◆後編　～私の母は毒母でした。私は毒母になりません～　は、同じく毒母のもとで育った4人の女性が、これまでどのような半生を送ったのか。そして現在は毒母とどのような距離感で生きているのか、自分が毒母化しないためにどのような工夫をしているのか、に注目した4章です。

「毒親」という言葉には、もちろん父親も含まれています。それでも、この本で「毒母」の事例だけを集めたのは、決して子育てが母親だけのものであるという考えからではありません。その理由は、毒親に関してこれまで私が取材を行ってきた30事例ほどの中で感じた、「毒父」と「毒母」の明確な違いにあります。

「毒父」の毒は肉体的かつ可視的であるケースが目立ち、「毒母」の毒は精神的かつ不可視的であるケースが多いように思います。精神的かつ不可視的な毒の場合、本人でさえ毒であることに気付きにくいため、対処するのに時間がかかるという問題があります。まさに〝毒〟

という言葉が孕《はら》む、目には見えにくく、じわじわと精神的・肉体的に蝕《むしば》む恐ろしいイメージそのものです。

同様に、「母と娘」の関係にフォーカスした理由も、「母親と息子」よりも、「母親と娘」のほうが、よりダイレクトに毒を受け継ぎやすいと感じたためです。「母親と娘」は、同性であるがゆえに、「母親と息子」よりもお互いに同一視や共感がしやすく、一方で反発や拒絶が起こるケースが多いと感じます。大人になって、仕事や自分が築いた家庭にかかりきりになり、両親とは疎遠になる息子が多い一方で、自分の家庭を持った後も母親との関係を維持し続ける娘は現状、少なくありません。だからこそ、母と娘の関係は永く深く濃密になりやすく、毒に気付きにくいうえに濃縮されやすいのではないでしょうか。

前後編の８章の後には、終章として、前編の１章で登場する、毒母に育てられ、自らも毒母になってしまった吉野さんの長女に取材した一問一答を掲載しています。

巻末には、親が子育てに悩んだときや、子ども自身が家庭の問題で困ったときに相談できる機関、万が一のときに子どもが逃げ込めるシェルターなどの情報をまとめました。

この本が、あなたの人生の一助になることを願っています。

毒母は連鎖する

目次

後編　〜私の母は毒母でした。私は毒母になりません〜

目次・扉デザイン　熊谷智子

前編

〜私の母は毒母でした。私自身も毒母でした〜

第一章

機能不全家庭という毒からの自立

「浅はかでした。自分と向き合わず、考えることさえ放棄し、子どもを支配して、子どもに欠けた穴を埋めてもらっていたのですから。いつのまにか、嫌っていた母そっくりなエゴイストに成り果てていました」

子どもにとって本来家庭は、世界中のどんな場所よりも心安らげる場所。そして子どもにとって本来両親は、世界中で誰よりも信頼し、慈《いつく》しんでくれる存在であるはずだ。しかし不機嫌を撒《ま》き散らす父親、びくびくおどおどするばかりの母親だったらどうだろう。

第一章では、14歳長女の不登校を機に、自分の両親、特に母親が毒母だったことや、そのせいでこれまでアルコールや交際相手など、さまざまなものに依存して生きてきたことに気付いた40代の母親のケースを紹介する。自分の子育てを振り返った彼女は、自分自身が毒母となっていたことに愕然《がくぜん》とする。

関西在住の吉野透子さん（仮名・40代）との出会いは衝撃的だった。いつものようにインターネットを使って取材先を探していると、「自分自身が毒親だった」と告白するブログを見つけたのだ。「私は毒親に育てられました」というブログは数多く目にするが、「自分自身が毒親でした」というブログはなかなかない。私はそのブログを読み進めるうちに、「この人に取材したい！」という強い衝動にかられた。

メッセージを送ってみたところ、「なぜ私に取材をしたいと思ったのでしょうか？　思いが同じならば、取材に応じます」といった内容の返信があった。

そこで私が送ったのは、この本の「はじめに」で書いたことと同様の内容だ。毒親というものは、「絶対にならない」という保証は誰にもなく、誰もがなってしまう可能性があること。自分も小学生の娘を持つ母親であるため、子育ては試行錯誤や自己嫌悪の連続であること。自分自身が毒親であることに気付き、悩み苦しみ、それを正そうと努力している吉野さんから学ばせていただきたいと思ったこと。そんなことを書き綴った。その結果、「まさに私も同じ思いでブログを書いています。私で良ければ取材に協力させてください」との返事をもらった私は、関西の主要駅の駅ビル内にあるカフェに向かった。

幼少期の両親

吉野さんは、セピア色の生地に同系色のビーズや刺繍などの細かな装飾が施されたタンクトップの上に、白い透け感のあるシャツを羽織り、パンツスタイルで現れた。明るめの色に染めたショートヘアが若々しい印象で、目鼻立ちのはっきりした顔立ちによく似合っていた。

吉野さんは「烏龍茶」を注文。驚くことに、吉野さんは20歳くらいの頃から、１日１食で暮らしているという。理由をたずねると、

「夜飲み歩くことが増えて、３食摂ってしまうと太ることを気にしたのが一番の理由です。母が太っていたので、『母が父に愛されないのは、太っているからでは？』という思い込みもありましたし、少しでも外見を良くして、他人に承認されることを目的としていました。でも今は、１日１食の生活に慣れてしまったので、そのほうが体が楽なだけなんですが……」

と少し照れくさそうに答えた。

「育った家族が嫌いだった」という吉野さんは、両親のなれそめをあまり詳しくは知らなかった。だが、両親は20代の頃に、「囲碁クラブで知り合った」ということは知っていた。20代の男女が知り合う場としては予想外で、私は思わず、「渋いですね」と言ってしまった。どのくらい交際し、何歳で結婚したのかもわからないが、自身の年齢から計算するに、父親が26歳、母親が25歳の頃に吉野さんが生まれ、２年後に妹が生まれたのだと話す。

「父は無口で、イライラをオーラで出す人。機嫌が悪くなると、無意識に舌打ちを繰り返すんです。両親がケンカをすると、１～２ヶ月は無言の食卓が続きました。両親は、子どもの前ではケンカをしませんでしたが、お互いの嫌悪感は隠しきれず、目も合わせません。そうなると私たち姉妹は、喋《しゃべ》ることも立ち去ることもできず、黙々と食べ続けることしかできませんでした」

父親は通信系の会社に勤め、母親は家で内職をしていた。

「母は自尊心が低い人で、『私がダメだから』『すべて私が悪い』が口癖。うつ傾向、胃腸虚弱、重度の貧血などで働きに出られないため、いつも父に引け目を感じていて、『お父さんは、他の人と結婚していたら、もっと幸せになれたのに』と言っていました。自分に自信がなく、笑顔がなく、子ども心に私は、『お母さんは生きていて楽しくなさそうだな』と思っていました」

幼い頃吉野さんは、母親に自虐的なことを言われる度に、「そんなことないよ！　お母さんは料理上手だし、できる範囲で頑張って働いているじゃない！」と、励ましていた。母親が高熱を出して寝込んでいるときは、「お水持ってこようか？　薬飲む？」と気遣ったが、「自分でできるから、あっちに行ってなさい」と冷たくあしらわれ、「こんなときくらい頼ってくれればいいのに」と悲しくなった。

また、父親に対する引け目からだと思われるが、母親は子どもの失敗を執拗に咎《とが》める人だった。

「冬場に手袋をどこかで落としてしまったときは、『またなくしたの！　あんたはどうしていつもそうなの！　またお父さんに報告しなくちゃならないじゃない！』と頭ごなしに怒られました。自分でも十分反省しているのに、重ねて怒鳴られるのは、子ども心にきつかったです」

吉野さんは成長するにつれて、母親に味方する気持ちが薄れ、代わりに哀れだと思うようになっていった。

家が嫌いな思春期

家族旅行は年に1回はあったが、吉野さんは「全然楽しくなかった」という。当時の写真を見ても、みんなムスッとした表情で写っていた。

いつしか吉野さんは、「私は母とは違う人生を楽しく生きる！」と、母親を反面教師のように捉えるようになっていた。家にいることが嫌だったため、学校が終わると寄り道して帰った。幸い交友関係や勉強については、両親はうるさく言わなかったが、テストの点や順位が良くても、褒《ほ》められたこともなかった。

吉野さんは商業高校に入学すると、部活や学校行事を理由に、暗くなっても友だちと遊び続けた。お酒を飲み始めたのもこの頃からだ。

そんな吉野さんに母親は、「信じてるからね！　世間様に顔向けできないようなことしないでね！」と釘を刺す。真面目な顔をしてうなずく吉野さんだったが、一歩外に出てしまえば母親の言葉などすぐに吹き飛んだ。お酒やお菓子を大量に買い込み、数人で友だちの家に集まる。回を重ねるごとにお酒は量を増し、チューハイからビール、日本酒へと変化していった。

「アルコール依存の始まりでした。飲めば飲むほど楽しくて、気付けば、『私は母とは違う！』『私は楽しい人生を送っている！』と、母を見下していました」

しかし楽しいときは長くは続かなかった。「将来のことを考えないと……」「彼氏と一緒に過ごしたいから……」と言い、離れていく友だちたち。

高校を卒業した吉野さんは、製造業の会社に就職。しかし2日で辞めてしまう。

「当時の私は、母だけでなく世の中のすべてを見下していました。自分よりテストの順位が下だった同じ高校出身の子が、自分より良い部署に配属されたことを受け入れられず、2日で辞めました」

目の前で明るく笑う吉野さんからは想像できないが、よほど当時は気性が激しかったのだと私は内心驚いた。だから、「仲の良い友だちも見下していた？」とたずねると、「見下していました。というか、利用していましたね」と吉野さんは答えた。その問いで、吉野さんは私の勘違いに気付いたのだろう。すぐに以下のように補足した。

「２日で仕事を辞めたのは、同級生を見下していたからではなく、会社の決定に傷ついたからです。情緒不安定な両親のもとで育ち、いつも不安と満たされない想いを抱えて生きてきた私にとって、『自分が認められていない』『自分は軽く扱われている』と感じることは、耐えがたい苦痛でした。毒親家庭で育った子どもは、もうこれ以上傷つきたくないのです」

その瞬間、私は毒親家庭で育った人に対する理解の浅さを恥じた。それと同時に、いかに自分が普通の家庭で育ったかを思い知った。私のような普通の家庭育ちの勘違いにより、毒親家庭で育った人の言動は、問題行動として捉えられることも少なくないという。

その後吉野さんは、親戚の会社に就職した。

妹の異変

就職した吉野さんは、毎晩のように飲み歩いた。退勤後に居酒屋に入り、朝まではしごした。若い女性が１人で飲んでいると、大抵誰かがおごってくれ、お金には困らなかった。居酒屋がつまらなくなると、キャバクラやスナック、ホストクラブにも通った。休日は朝から夕方まで飲みっぱなしで、気付くと路上で寝ていたことも一度や二度ではなかった。

それでもいつしか、「私は、母と違う楽しい人生を送りたかっただけなのに。なんだか違う……？」と感じ始めると、21歳になった吉野さんは、仕事に真面目に取り組み、家事を手伝うようになった。

そんな頃、東京の一流大学に合格し、１人暮らしをしていた妹から電話がかかってきた。

「そのときの妹の口調が変だったんです。私は心配になり、『とりあえず全部放り出して、すぐに実家に帰っておいで！』と言いました」

その翌日、実家に帰ってきた妹は生気がなく、別人のようだった。

昼間でもカーテンを締め切った暗い部屋で大声をあげたり、真夜中にステレオのボリュームを全開にするようになった。母親が「近所迷惑だから、お願いだからやめて！」と懇願すると、ますますひどくなった。食べ物を要求し、母親が買って来ると、スーパーの袋いっぱいの食べ物を一瞬で口に詰め込み、牛乳で流し込む。すぐに「足りない」と言い、また袋いっぱい買って来ても、あっという間に平らげる。

しばらくすると、妹は拒食になった。全く食べない日が数日続き、ガリガリに痩せ細る。

そしてまた過食……。

この頃妹は、30キロくらいの増減を何度も繰り返した。

「妹は、子どもの頃から私の良き相談相手でした。物静かだけど聡明で、中学、高校と成績が良く、塾にも通わずにストレートで大学に合格した、自慢の妹でした。大学で充実した日々を送っているとばかり思っていたのに……。このときの私は、妹に何が起きているのかわからず、困惑するばかりでした」

ある晩、「夕飯ができたよ」と妹の部屋に声をかけると、返事がない。不審に思った吉野さんがドアを開けると、妹は真っ暗な部屋で、自分の髪の毛をハサミでジャキジャキ切っていた。

ショックで過呼吸を起こした吉野さんに、異変に気付いた母親が紙袋を押し当てる。

「私は、想像を超える出来事が次々と起こることに耐え切れませんでした。翌朝、両親に、『家を出たい』と言うと、母親は、『そうだね……。お姉ちゃんまで苦しい思いをすることはないからね……』と許してくれました。妹が一番苦しいときに、うろたえるばかりの両親を置いて、私だけ逃げたのです」

共依存の始まり

1人暮らしを始めた吉野さんは、後ろめたさを感じながらも、やっと本当の自由を手に入れた気がした。

しかし何日か経つと、「今夜も妹は泣き叫んでいるのだろうか」「両親は大丈夫なのだろうか」と思えてきて、罪悪感に押しつぶされそうになる。何も考えたくなくて、吉野さんはアルコールに逃げた。毎週末外に飲みに出かけ、楽しく飲んだ。

22歳になった頃、後に夫となる男性に出会った。彼は吉野さんより4歳年上で、トラックの運転手をしていた。裏表がなく、ストレートにものを言う人で、吉野さんにとって、これまで会ったことのないタイプの男性だった。

2人は意気投合し、出会ったその日に彼は吉野さんのアパートに転がり込み、そのまま同棲を開始。

「人の顔色をうかがうことに疲れていた私は、彼の裏表のなさに惹かれました。そして、『何も取り柄のない私のような人間は、どうしたら彼を引き止めておけるのだろう？』と、そればかりを考えるようになりました」

吉野さんは、異常なまでに彼に尽くすようになっていった。自分もフルタイムで働いて、残業もあったが、家事はすべて吉野さんが担当。携帯電話が放り出してあれば充電しておき、翌日着る服を枕元にセットする。彼がキョロキョロすれば、ティッシュや灰皿を差し出し、朝は必ず起こして、忘れ物がないか確認。それでも忘れ物があったときは、自分の出勤時間を無視して届けた。家での晩酌のペースは彼に合わせ、1人で飲みに出かけるのは我慢。多少具合が悪い日も、いつも笑顔でいるように努めた。

「いつのまにか、私の世界の中心は、アルコールから彼になっていました。共依存の始まりでした……」

日本医師会によると、狭義の「共依存」とは、アルコール依存症の夫とその妻との関係を指していたが、近年はアルコール依存症だけでなく、機能不全家族にみられる関係にまで広げられている。「共依存関係」は、一方が他方を支配し、他方は〝支配の魅力〟を提供することで一方を支配するという、「支配（コントロール）をめぐる闘争」が常に展開される関係だ。この頃、彼が吉野さんを支配し、吉野さんは彼に、〝支配の魅力〟を提供することで〝彼を支配する〟という関係が構築されていた。

結婚と妊娠

無理をすれば、どこかに歪《ゆが》みができる。同棲から3ヶ月ほど経った頃、吉野さんは彼が寝静まった後、こっそり起き出してはお酒を飲み、インスタントラーメンをそのままかじるようになった。ダメだと思えば思うほど、やらずにはいられなかった。

「もともとだらしがない私は、普通に生活することさえ、頑張らないとできません。頑張ることができなくなったら、尽くす私が〝ニセモノ〟だと彼にバレてしまう。『母のように惨めにはなりたくない』『捨てられる前に逃げよう』と思った私は、彼に『距離を置きたい』と伝えました」

彼は戸惑いつつも、了承してくれた。同棲を解消しても彼の態度は一切変わらず、毎晩電話をしてくれた。そんなところに吉野さんは、また惹かれていった。

出会ってから1年半後に2人は結婚。反省を活かして、吉野さんは仕事を辞めた。その後夫は転職し、隣の県に転勤になった。友人知人のいない土地で、朝夫を仕事に送り出すと、吉野さんを寂しさが襲う。

吉野さんは買い置きの缶ビールに手が出ると、気が付けば3リットル分の空き缶が転がっていた。いつしか眠ってしまっていた吉野さんは、慌てて夕飯の支度をし、何食わぬ顔で夫の帰宅を待った。

そうして、毎日昼間からお酒を飲む生活が始まった。

ところがある日、体調がいつもと違うことに気付く。病院に行くと、妊娠2ヶ月だった。

途端に生活は一変。逃げ出してから一度も帰っていなかった実家にも、よく帰るようになった。

「『あんなに飲んでいて、赤ちゃんは大丈夫なのだろうか』と不安に思い、安心したくて関連書籍を読み漁ったり、『自分はこんなに幸せなんだ』と母に自慢話をしたくて実家に帰っていました」

実家を出てから、5年経っていた。その間に妹は、良い専門家と出会い、嘘のように落ち着きを取り戻していた。

里帰り出産

吉野さんが不在にしていた5年の間に、実家の雰囲気は驚くほど変わっていた。吉野さんが里帰り出産を選ぶと、母親は温かく迎え入れ、かいがいしく世話をしてくれた。父親は、子育てに必要なものをこれでもかと言うほど買い与えてくれた。妹は、ウサギの耳がついた可愛らしい服を手作りしてくれた。

吉野さんが出産すると、妹は、「この子に出会えて、初めて生きていて良かったと思えた」と言った。

吉野さんは、「夫の両親も、友だちたちも、みんなが祝福してくれている」「私は母よりも幸せになれたんだ！」という思いで満たされていた。

1ヶ月後、吉野さんは実家を後にした。

「さんざんお世話になっておいて、両親や妹にまともにお礼も言いませんでした。当時の私は、『孫を産んだんだから、世話してくれて当たり前』と思っていました」

長女は手のかからない子だった。母乳をよく飲み、母子手帳に書いてある標準値そのままに成長。首すわりも腰すわりもハイハイも、全部標準月数だった。心配事はなかったが、吉野さんは赤子と2人きりで何をしたら良いかわからず、毎日ベビーカーを押して散歩ばかりした。夫の転勤先では友だちを作る気にもなれず、孤独だった。

テレビを見られるようになると、一日中つけっぱなしにして、吉野さんは隣でマンガを読んだり、居眠りしたりした。長女が歩くようになると、毎日公園へ連れて行き、長女が遊ぶ様子をひたすら眺めていた。

あまりにも退屈で寂しくなると、実家の両親を呼んで泊まってもらった。「困っているときはいつでも駆けつけるよ」という両親。いつも怒鳴っていた母親、いつも不機嫌だった父親は、もうどこにもいなかった。

娘が幼稚園に入園

夫の転勤は3年で終わり、吉野さんは地元に戻ってきた。3歳になった長女を、「幼稚園に入れなければならない」と思った吉野さんは、新入園児の募集期間は終わっていたが、近所の幼稚園に頼み込んで入れてもらった。

園服を着た長女はとても可愛らしかったが、園のバスに乗せる際、まるで今生の別れのように泣き叫んだ。毎朝吉野さんは、長女をひきずるようにしてバス停まで行き、最後は先生に無理やり連れて行ってもらった。

初めての保育参観を迎えると、長女だけがいつまでも泣いていて、他の子は園に慣れていることに気付く。不思議に思っていると担任の先生が、「他の子は昨年1年間、慣らし保育をしたんです。最初はお母さんと一緒に通園し、ここが安全で楽しい場所だと学んでいるんですよ」と教えてくれた。

それを聞いて、私は驚いた。私の娘は1歳から保育園に通い始めたが、慣らし保育は2週間だった。最初は1時間、翌日は2時間と、慣れてきたら徐々に園での滞在時間を長くしていくという方法を取っていたが、1年間も設けている園があるとは知らなかった。調べてみると、保育園は1～2週間単位のところが多く、それ以上の期間を設けているところは、幼稚園に多いようだった。私の娘は最初から嬉しそうに保育園に通い、「行きたくない」と言ったことは一度もなかったが、毎朝、保育園の玄関で泣き叫ぶ子どもは少なくなかった。

慣らし保育を知らなかった吉野さんは、長女には、「3歳になったら、毎日幼稚園に行くのが決まり」とだけ教えた。

「幼稚園というところがどんなところかもわからないまま、バスに放り込まれる……。それが幼い長女にとって、どんなに恐ろしいものか、想像さえしませんでした。どんな小さな子どもでも、心があるということを知らなかったのです。『子どもは親の言うことを聞くものだ』と思っていました。そこには、かつての母とそっくりに子育てをする自分がいました」

それでも長女は、少しずつ園に慣れていった。

「お友だちとだんご虫で遊んだよ」「みんなとお砂場で遊んだよ」。吉野さんはそう聞く度にほっとしたが、「1人でブロック遊びをしたよ」と聞くと落ち着かなくなった。

我慢ができずに吉野さんは、「なんで1人で遊んだの？　誰も遊んでくれなかったの？　仲間はずれにされてるの？　自分から誘わないの？」と、長女を質問攻めにしてしまう。

「子どもにも1人でいたいときがあるなんて知りませんでしたし、長女が仲間はずれにされているところを想像しただけで胸が苦しくてたまりませんでした。そこで私は思いついたんです。『私が長女のお友だちを作ってあげればいいんだ！』と……」

吉野さんは同じ幼稚園の親子に声をかけ、自分の家に誘って回った。すると家の中は、いつも託児所のように子どもがあふれるようになった。

吉野さんはおやつや飲み物を用意し、子どもたちの世話を焼いた。長女が「眠い」と言っても、「みんなが来てくれているんだから遊びなさい！」と言って休ませなかった。長女が1人で違う遊びをし始めると、みんなの輪の中に戻した。

「こうして私は安心を手に入れたんです。長女の気持ちはお構いなしでした。〝お友だちに囲まれている長女〟が、私の理想像だったから。私は、自己満足に浸っていたのです」

次女の誕生と長女の異変

吉野さんは、子どもたちが飽きないように、新しいゲームソフトが出れば買ってあげ、夏には庭に簡易プールを設置した。サッカーボールやバドミントン、ローラーブレードなども用意し、お菓子も数種類常備した。

そんなある日、第2子の妊娠がわかった。長女には、「赤ちゃんができたから、もう抱っこはできないよ」と伝えた。

今回は、里帰りはしない代わりに、「お母さんは赤ちゃんを産んで大変だから、おばあちゃん家に行ってなさい」と言って長女を実家に預けた。

何度か預けると母親が、「長女ちゃん、うちに来るとこたつに潜り込んで、声を殺して泣いているんだけど……」と耳打ちする。「長女ちゃん、寂しいんだと思うよ。もうちょっと寄り添ってあげられない？」と言われた吉野さんは、カチンときた。母親に意見されることが耐えられなかった。「自分だってひどい母親だったじゃない！　いい人ぶらないでよ！」という怒りが抑えられなかった。だから吉野さんは、母親の忠告を無視した。

産院を退院した吉野さんが、次女に母乳をあげていると、長女が言った。「お母さん、こっちのおっぱい余ってるね」。

長女は、3歳になってもおっぱいを欲しがったが、3歳にもなっておっぱいを飲むなんておかしいと思った吉野さんは、入園前に無理やり断乳させていた。断乳させた日はひたすら泣いて、夜になってもなかなか寝なかった。

「もうお姉ちゃんなんだから、おっぱいなんておかしいでしょ！」と言うと、長女は肩を落とした。

次女は人見知りが激しく、吉野さんから片時も離れなかったため、次女誕生後、長女を抱っこすることはなくなった。それでも長女は、次女を可愛いがった。自分のおやつをあげたり、抱っこをしたり、頭を撫《な》でてあげたりと、さながら〝小さなお母さん〟だった。

「今になってみれば、自分がしてもらいたいことを、妹にやってあげていたのだと思います。そんなことにも気付きませんでした……」

母親が嫌いな自分と母親が大好きな長女

一方で、長女は自由奔放な面もあった。川や水たまりがあればジャブジャブ入って行き、木が生えていればサルのように登った。

「ちょっと自由すぎる？」「このままでは、集団生活ができない子になってしまうのでは？」と心配になった吉野さんは、「親として、躾《しつ》けなければ」と思った。

それからというもの、「信号がないところは渡っちゃダメ」「エレベーターは降りる人が先」「ゴミは分別して」「ペットボトルはきれいに洗って捨てなさい」ありとあらゆることに口を出した。

すると長女は、吉野さんの言うことを、１から１００まで守ろうとした。明るくひょうきんで自由だった長女は鳴りを潜め、次第におどおどし始める。何をするにも、吉野さんに確認してから行動するようになった。

「お母さん、ご飯食べていい？」「お母さん、トイレに行っていい？」。当たり前のことまでいちいち聞いてくると、吉野さんはその度にイライラし、「そんなことまで聞かなくてもいいの！　自分で考えなさい！」と声を荒げてしまう。

「ルールを教えることは、親として当たり前のことだと思っていました。私の母も常識にうるさかったのですが、私は心の中で、『オマエの言うことなんか聞かねーよ！』と毒づき、母の言うことを一切聞かない子でした。だから子どもというものはみんな、親に反発する生き物で、親への反抗心で強くなっていくものだと思っていました」

どちらかといえば、私も吉野さんタイプの子どもだった。そしてどちらかというと私の娘も、親にあまり反抗しない。怒られてもあまり言い返さず、「ごめんなさい」と言って泣くだけの娘に、私も何度も歯がゆさを感じていた。だが一方で、優しい子に育ってくれたという喜びや誇りも感じていた。

当時の吉野さんは、「なぜこんなに私の顔色ばかり見る子になってしまったの？」「なぜ私が立てる物音にビクッとするの？」「なぜ私の言うことをすべて守ろうとするの？」という疑問が湧《わ》くばかりで、答えは見つからなかった。育児に無関心な夫に相談しようとも思わなかった。

しかし今の吉野さんはこう言う。

「母を嫌っていた私は、母にどう思われようとどうでも良かった。だから、母の言うことを無視できたのです。でも長女は、私のことを好きでいてくれた。好きだったから、頑張って私の言いつけを守ろうとした。私に認めてほしかったのです。もしもあの頃に戻れるなら、『頑張ったね！』って言って、いっぱい抱っこしてあげたいなと思います……」

しかし無情にも、時は戻らない。

長女の小学校入学

長女が小学生になると、吉野さんは毎日のように、「ねえねえ、学校どう？　お友だちできた？」と、聞いた。すると、小学校入学を楽しみにしていたはずの長女は、「学校、つまんない」と答えた。

吉野さんは、「なんでつまんないの？　お友だちはどう？　仲良くなれそうな子とかいないの？」と食い下がると、長女は、「よくわかんない……」と顔を曇らせた。

「次第に私は失望していきました。成績なんてどうだっていい。明るく楽しく過ごしてくれればそれだけでいい。なのにそんな小さな望みを、なんでこの子は叶えてくれないの？　と憤《ふん》慨《がい》していました」

それは態度に如実に現れた。優しい言葉はもちろん、褒めもせず、口を開けば文句ばかり。

「早く宿題しなさい」「早く着替えなさい」「早くお風呂に入りなさい」「プリントは出したの？」。口うるさい小姑のように、長女のあら探しをしては怒った。

「かけっこで１番になっても、『そんなの当然でしょ？』。テストで１００点を取っても、『まだ簡単なことしか教わっていないんだから当たり前！』。それでも長女は口答えせず、一生懸命、私の言いつけを守ろうとする。早くやろうと頑張る。でも、できない。私は苛《いら》立《だ》つ……。長女は、この頃にはすでに、エネルギーを私に奪われていたのです」

時折長女は、「お母さん、大好き！」と言った。それでも吉野さんの心は動かなかった。無表情で、「ああそう。ありがとう」と答えていた。

「自分は普通だと思っていました。のび太のママや、クレヨンしんちゃんのみさえと一緒。子どもが親の言うことを聞かなければ、怒るのは当然。自分がひどい親だなんて、みじんも思っていませんでした」

「なぜうちの子だけが暗い顔で、つまらなそうに生きているの?」。湧き出す感情は抑えきれず、全部長女にぶつけていた。

自分の仕事優先の生活に

一方、人見知りが激しかった次女は、慣らし保育を経て、幼稚園にすぐに馴染んだ。時間ができた吉野さんは、飲食店でパートを始めた。

「育児とは違い、人の役に立てることが嬉しかったし、感謝されることが快感でした。夫は何も言いませんでしたが、働いていないことで何となく肩身が狭かったので、自分でお金を稼ぐことは自信につながりました」

これまでアルコールや夫に依存し、長女を執拗にコントロールしようとしてきた吉野さんは、今度は仕事にのめり込んでいく。

子どもよりも仕事を優先し、子どもたちの体調が多少悪くても休ませず、土日も仕事をするために習い事やイベントに行かせ、母親やママ友に送迎を頼んだ。子どもたちを残していくことに罪悪感があった吉野さんは、罪悪感なく仕事に打ち込むために、手段を選ばなかった。そして、子どもたちの意見は一切聞かなかった。

　同じ頃、生まれ変わったかのように元気になった妹に会う機会が増えた。母親が嫌いだった吉野さんは、子どもの頃から事あるごとに妹に話を聞いてもらっていたが、その日も吉野さんは、妹に仕事の話を聞いてもらっていた。

　吉野さんが語り尽くした頃、突然妹が言った。「お姉ちゃん気付いてる？　長女ちゃん、目が死んでるよ？　ちゃんと長女ちゃんと向き合ってあげて」。

「内心、動揺しました。でもすぐに、『妹は考えすぎなんだよな』と思いました。当時の私は、仕事さえうまくいっていれば他のことは目に入りませんでした。だから、妹の警告を無視したのです。このときちゃんと受け止めて、まだ幼い長女と向き合っていたら、こんなに長く、辛《つら》い思いをさせなくて済んだのにと思います」

始まりの日

長女は14歳、次女は10歳になった。5月のGW明けの朝、朝風呂に入る習慣がある吉野さんは、その日も朝風呂に入ってからパートの仕事に向かう予定だった。給湯器の時計が午前8時30分になる頃、突然浴室の扉が勢いよく開いた。

「もう無理！」

泣きながらそう叫び、扉を開けたのは、当時中学2年生の長女。吉野さんは驚きつつも、意外に冷静に、「さて、〝普通〟の親ならどうするんだろうな」と思った。「〝普通〟の親ならきっと、『どうしたの？ 何があったの？』と聞くだろうな」という考えに至った吉野さんは、「何があったの？」とたずねた。

すると長女は声を絞り出すようにして、「学校でいじめられている。もう限界……」と言い、その場に座り込んだ。

「『やっぱり』と思いました。数年前から私は、『このままでは長女の心はいつか破裂するだろうな』と気付いていました。それでも日常を壊されるのが怖くて、気付かないフリをしてきたのです」

ひとまず吉野さんは長女をなだめ、「今日は学校を休んでいいから」と言って自室に行かせると、自分は浴室に戻り、「さて、〝普通〟の親の私はどう対処するのが正しいか？」と考えた。

風呂を上がり、学校に電話をかける。

「今日は娘を休ませます。いじめられていると言うのですが、先生に心当たりはありますか？」と問いかけると、一瞬担任教師は言葉に詰まった様子で、「すぐに確認します！　気付かず申し訳ございません。早急に対処してご連絡させていただきます！」と言った。

吉野さんは、「〝普通〟にいい先生で良かったな」と思いながら、仕事に向かった。

しばらくして担任教師は、いじめていた数名の男子生徒を突き止め、長女に謝らせてくれた。

「みんな大して悪気はなかったのでしょう。長女はからかわれ、それを真に受けた。『中学時代によくあるひとコマ』と、私は軽く捉えました」

担任教師は、「二度とこのようなことがないよう、細心の注意を払います」と約束。吉野さんは、「これで長女は学校に戻れる」と安心し、「良かったね。学校、〝普通〟に行けるね！」と長女に笑いかけた。

ところが翌朝から、長女は完全に起きられなくなった。

吉野さんは長女の部屋をノックし、「朝だよ〜！　ほらいい天気だよ〜！　起きて朝ご飯食べようよ〜！」と言いながらカーテンを開ける。しかし長女は頭から布団をかぶったまま。

諦めた吉野さんは、朝風呂に入り、家に長女を残し、仕事に向かった。

休みの日、吉野さんは「気分転換に出かけない？」と長女を誘う。寝ていた長女は、しぶしぶ起き上がった。

近所では、お祭りが開催されていた。「ほら、綿菓子あるよ、花の形だよ、綺麗じゃない？食べてみたら？」と言い、吉野さんは綿菓子を買って長女に押し付け、スマホで写真を撮り、一人はしゃぐ。

しかし長女はぽつりと、「疲れたから帰りたい」と言った。吉野さんは、「来たばかりなのに……」と思った。

その日から長女は、家から一歩も出なくなった。

吉野さんは朝、長女を起こしに行くのも辛くなった。そしていつしか、起こしに行くのをやめてしまった。

長女の信頼を失った小学校時代

不登校から２ヶ月ほど経った7月頃、担任教師から連絡があった。「不登校の相談に乗ってくれる市の機関がありますよ。お母さんだけでも大丈夫ですので、良かったら行ってみませんか？」と言う。吉野さんは、長女の意思を確認せず、「長女も連れて行きます！」と答えた。

２人で市役所に行くと、吉野さんと長女は別々の部屋に通された。吉野さんは椅子に座ると、これまでの経緯を相談員に話した。すると相談員は、「では、娘さんが生まれてから今までのことを教えていただけますか？　覚えていることだけでいいので」と言った。

「私は内心、『そんなこと関係なくない？』と思いました。私が知りたいのは、長女がいじめられた理由と、学校へ戻らせる方法。疑問に思いながらも、一生懸命過去を振り返りました」

小学校１年生のとき、長女は帰宅するなり、「疲れたから、おやつが食べたい」と言った。吉野さんは、「宿題が終わってからね」と答えた。すると長女はいつまでも宿題をやらず、ぐずぐずしている。

イライラした吉野さんは、「もういいよ！　おやつ食べたらちゃんとやるんだよ！」と言いながら、おやつを渡す。すると長女はおやつを食べて、そのまま寝てしまった。吉野さんは、「なんでこんなことさえできないんだろう」と呆れた。

小学校４年生のときには、長女はクラスの女子に、「なんでそんな変な服着てるの？」と笑われた。長女は帰宅すると、「この服って変なの？」とたずねてきた。カチンと来た吉野さんは、「何言ってるの！　可愛いに決まってるでしょ！　そんな子が言うことなんて気にするな！」と怒った。長女は下を向いて小さくうなずいた。

しかしその子の嫌がらせは、日に日にエスカレートして行く。それを長女から聞かされる度、吉野さんは、「やられたらやりかえせ！」「そんなこと気にするな！」と叱咤《しった》激励《げきれい》して学校へ送り出した。

6年生になっても状況は変わらず、それどころか、嫌がらせをする子が次第に増えていく。数ヶ月が過ぎたとき、担任教師から電話があった。

「長女さんがクラスに馴染んでいません。長女さんに原因があるのではないかと長女さんに伝えたところ、『自分に悪いところがあるなら謝りたい。みんなに謝って、みんなと仲良くなりたい』と言っています」

という内容だった。吉野さんは違和感を感じながらも、「そうすることで丸くおさまるなら、お願いします」と言い、長女には、「悪いところがあるなら直さなきゃね」と伝えた。

「私は、『一度休んだらクセになる』『楽を覚えてはいけない』と思い込んでいました。だから、『長女は私に逆らわない』『他人にも言いたいことも言えない』という長女の性格を知りながら、何があっても学校を休ませることをしませんでした。今思えば、この担任教師１人が、クラスを上手くまとめることに必死になり、自己満足に浸っていたように思います。そして母親である私も、長女の話をろくに聞かず、担任に賛同してしまいました。私はこのとき、長女からの信頼を完全に失ったのだと思っています」

家庭での長女

次に市役所の相談員は、長女の家での様子をたずねた。

次女に対して長女は、次女が興味のあることを丁寧に教えてあげたり、好きな食べ物を多めに分けてあげるなど、優しいお姉ちゃんだった。

夫は、長女が４～５歳くらいの頃、新居を購入したり、次女が生まれたりして、父親としての責任の重さをプレッシャーに感じていたのか、常にイライラしていた時期がある。その頃長女は、ささいなことで夫を怒らせては、怒鳴られたり、たまに叩《たた》かれたりしていた。それはその一時期だけだったが、以降長女は、父親の顔色をうかがい、慎重に言葉を選んで話すようになっていた。

そして母親である吉野さんに対しては、いつも「大好き」「ありがとう」と自分の気持ちを伝え、贈り物をくれる子だった。

「せっかちで自己中心的な私に対して長女は、おっとり優しくマイペース。私の誕生日、母の日、クリスマスなど、小さな花束や鉢植えを今までどれだけもらったか。私は『ありがとう』と言って受け取りましたが、内心は『なんでこの子は自分のためにお金を遣わないんだろう？』と歯がゆく感じていました。長女の優しさが弱さに思えていた私は、いつも長女を叱咤激励していました」

ガス欠状態

長女が進学する中学校は、地域の複数の小学校から生徒が集まってくるマンモス中学校だった。「長女が生き直すチャンスだ」と思った吉野さんは、「過去は過去！　新しくお友だちを作って、勉強や部活も頑張ってみようよ！」と長女に声をかけた。

すると長女は頑張った。友だちができ、成績も真ん中くらいをキープ。吉野さんは褒め、そして言った。

「やればできるじゃない！　やればできるんだから、もうちょっと頑張れるよね？」

そして現在に至る。

相談員はメモを取りながら、ひと通り話を聞き終えると、長女たちの居る別室に消えていった。吉野さんは話し終えたとき、激しい疲れと、スッキリしたような清々しさを感じていた。

しばらくして戻ってくると、相談員は言った。

「お母さん、長女ちゃんはね、頑張りすぎちゃったんだと思います。車で言ったら、ガソリンが空っぽの状態なんです」

吉野さんは絶句した。

「今はとにかく、長女ちゃんをゆっくり休ませてあげてください。お母さんにも不安や葛藤があると思います。焦りもあるでしょう。でも、一番大切なのは長女ちゃんの心です。大丈夫。優しい、いいお子さんです。しばらく休んだら、きっとまた前を向けますよ」

そう言って相談員に微笑《ほほえ》まれたとき、吉野さんは泣いていた。

人生初の心療内科へ

帰り道、いつもはセカセカ歩く吉野さんだが、その日は長女と並んでトボトボ歩いた。

「今までごめんね。エネルギーが切れてたなんて気付かなくて、ごめんね。学校に行く話ばっかりして、ごめんね。今日からは学校のことなんか忘れて、ゆっくりしていいんだよ……」

吉野さんが謝ると、長女は何も言わず、ただほっとしたような表情を見せた。

しかし吉野さんの試練は始まったばかりだった。「ゆっくり休ませてください」を、忠実に守ろうとするも、焦りを感じてしまう。１週間経つ頃には、焦りは苦しみに変わっていた。「誰かに聞いてほしい」と思うものの、「みんな幸せそうに見えて、聞いてくれる友だちなんて思い当たらない」。苦しくて相談員に電話すると、「お母さんにも、心の拠《よ》り所があったほうが良いかもしれません」と言って、児童心理に詳しい心療内科を紹介してくれた。

予約した時間に行くと、医師は黒い革張りの椅子に座って、３ｍほど離れたところにある小さな丸椅子を勧めた。

医師はいろいろな質問をし、吉野さんはそれに答えていった。ひとしきり話し終えると、医師は、「お母さん、大丈夫。あなたは悪くない。決してあなたのせいじゃないですよ。だから自信を持って、前向きに行きましょう！　自分を責めてはいけません。辛くなったらまたいらっしゃい」と言った。

吉野さんは首を傾げながらお礼を言い、会計で６０００円ほど支払った。

「医師の言葉は、『自分のせいだ』と自分を責めて苦しい人になら胸に刺さるのでしょうけれど、このときの私は自分が悪いとは思っておらず、解決方法を求めて受診したので、『これで6000円？』という疑問しかありませんでした」

「消えたい」

不登校になってから長女は、朝起きて朝食を摂ると、そのままリビングで一日中YouTubeを見ていた。長女はボーカロイドの曲をよく聴いていたが、吉野さんはボーカロイドの人工的な声が苦手だった。

私の娘は現在小学校6年生だが、やはりボーカロイドの曲をよく聴いている。そして私も、その人工的な声が好きではない。ただ、ボーカロイドの曲には、思春期の子ども特有の悩みや葛藤を赤裸々に表している曲が多く、ティーンエイジャーに受け入れられるのもよくわかる気がする。

不登校から4ヶ月ほど経ったある日、仕事から帰った吉野さんは、ボーカロイドの曲を聴いている長女の側に珍しく腰を下ろした。すると、そのボーカロイドの曲の歌詞が、スッと耳に入ってきた。

少し歩き疲れたんだ　少し歩き疲れたんだ
月並みな表現だけど　人生とかいう長い道を
少し休みたいんだ　少し休みたいんだけど
時間は刻一刻残酷と　私を引っぱっていくんだ

不登校になってから長女は時々、「消えたい」と口にした。「死にたいのではなくて、消えたい」「死ぬ勇気はないから、いつのまにかふっと、自分の存在が消えたらいいのに」とつぶやいた。それを聞いた吉野さんは、「何年も辛い学校生活を送ってきたのだから、生きていたって楽しいとは思えないのだろう。そのくらい辛いから、『学校へ行くエネルギーなんてないけど許して』ということかな」と考えていた。

夢だとか希望とか　生きてる意味とか
別にそんなものはさして必要ないから
具体的でわかりやすい　機会をください

泣き場所探すうちに　もう泣き疲れちゃったよ
（作詞・作曲・編曲：すこっぷ　唄：初音ミク）

気が付くと、吉野さんは号泣していた。びっくりした長女は、慌てて自室に居る次女を呼びに行った。

「長女の気持ちがこの曲に凝縮されている気がして、歌詞と曲が胸に突き刺さってきたのです……」

後で長女に曲のタイトルをたずねると、『アイロニ』と答えた。

『アイロニ』を調べてみると、２０１５年にニコニコ動画で１００万再生を達成した曲であり、現在はたくさんのシンガーにカバーされていることがわかった。悲しげなメロディで始まり、サビの部分では〝誰か〟に対して「バカ！」「ヤダ！」という強く真に迫るような歌詞が印象的だった。

自分が経験していない感情を本当の意味で理解することは難しい。吉野さんは長女の気持ちを頭では理解しているつもりになっていたが、本当の意味では理解できていなかったのだろう。しかし、『アイロニ』の曲の世界に引き込まれることによって、長女の感情を心で理解したのだ。

吉野さんの後悔

吉野さんにとって、仕事は楽しいもの。頑張れば頑張っただけお金や評価がもらえ、職場の仲間たちともうまくやれた。しかし子育ては、そうではなかった。

「私は、待つことができず、手を出しすぎてしまう。口を出しすぎてしまう。『こうすればいいのに』を押し付けてしまう。妹がおかしくなったとき、実家から逃げたように、辛いとき、お酒に逃げたように、できることなら、子育てからも逃げたかった。私は仕事に逃げ、お酒を飲んで、毎日をやりすごしました。私は大人だから、いくらでも誤魔化せました」

でも長女は逃げられない。本来、学校からの逃げ場であるはずの家庭に居場所がない。心を許せる友だちもおらず、不良にもなれなかった。

「逃げ場のない長女は、分厚くて頑丈な殻に自分を閉じ込めました。しかし私はその度に、容赦なく殻を打ち壊し、長女を引きずり出しました。それなのに、長女が不登校になったとき、私は、長女を守ろうとしたのです。自分がさんざん躾という名の〝いじめ〟をしてきたくせに。長女を最初にいじめたのは誰でもない、私自身だったのに……」

そう気付くことができたとき、吉野さんは、はっとした。「私は、長女が大事なんだ。誰にも傷つけられないで、笑っていてほしかっただけなんだ」と。

吉野さんは、以前頭に浮かんだ、『クレヨンしんちゃん』の母親・みさえと自分との違いに思い至った。

「みさえは、怒るときはとてつもなく怒りますが、度々しんちゃんに『愛している』と伝えていました。しんちゃんは、みさえに愛されていることをちゃんと知っていました。それに引き換え私は、『好きだよ』とか、『大事だよ』と長女に伝えたことが一度だってあっただろうかと思い、愕然としました。でも、『私は長女をちゃんと愛していた』。そう確信を持てたとき、『間違いに気付けたんだから、やり直せる。長女に好きだと伝えよう。そこから始めてみよう』と思うことができたのです」

自立への道

その後、長女は自分から「高校を受験する」と言い、勉強を頑張り、無事合格する。通い始めると、「友だちができた」と楽しそうに報告してくれたが、約1ヶ月で再び不登校に。吉野さんはがっかりしたが、「14年もの間に底をつき、ガス欠を起こしていたのだ。たった

1〜2年注ぎ直したからと言って、すぐに〝満タン〟状態になれるものではない」と思い直し、頭から布団をかぶったままの長女に声をかけた。

「今まで、ずっと苦しめてきてごめんね。もうお母さん、何も言わないから。学校も行きたくなければ行かなくていいんだよ。好きにしていいんだよ。本当にごめんね」

すると、長女は布団から飛び出して叫んだ。

「今まで散々ああしろこうしろ言っておいて！　今さら何を言ってるの？　ずっとお母さんの言った通りに生きてきたんじゃない。自由になんて生きられるわけないじゃない。どうしたらいいかわかんない。急に手を離さないでよ！」

泣き崩れる長女。吉野さんは、長女を抱きしめながら、背中をさすることしかできなかった。

少しだけ落ち着きを取り戻した長女は言った。

「好きにしていいよって言われると、見離された気持ちになるんだよ。お母さんは私のことなんて、どうでもよくなっちゃったんだって思うんだよ。お母さんの思い通りに育たなかったから、『私なんてもう要らないんじゃないの？』って思うんだよ」

吉野さんは慌てて首を振り、「絶対にそんなことない。私は長女が大事なんだよ。心から大事だから、自由に生きてほしいと思ったんだよ」と言うと、長女は、「本当に？」とたずねた。吉野さんは、「本当だよ」とうなずいた。

吉野さんは、これまで誰かに感情をぶつけることがなかった長女が、自分に感情をぶつけてくれるようになったことに唯一の希望を感じていた。そして「これから自分はどうすべきか」を考えたときに、「娘たちを自立させることを目標に生きていこう」と決意する。

「アルコールや夫への依存、仕事への依存、そして、長女との共依存……。考えてみたら、母親である私自身が自立できていませんでした。そんな私が子どもを自立させられるわけがないんです。これまでも、『このままじゃダメだ』と頭ではわかっていたのに、慣れた生活や性格を変える面倒くささのほうが勝って動けずにいました。私が、変わる勇気を持つこと。これが、一番の難所でした」

吉野さんは、ようやく重い腰を上げた。

依存症患者の会

吉野さんは妹や母親の勧めで、依存症専門のカウンセラーが主催する、依存症患者や家族が集うミーティングに参加した。ミーティングの参加者たちは、自分の生い立ちを話したり、他者の経験談に耳を傾けたりしていた。

　吉野さんは話を聞くうちに、参加者たちと自分に、共通点が多く見られることに気付いた。

「私はごく普通の家庭で育ったと思い込んでいましたが、違ったようです。情緒不安定な両親のもとに育ち、いつも不安と満たされない想いを抱え、心が欠けたまま、様々な物や人に依存しては、自分を埋めてきたようです。皆さんの話を聞くまで、そのことに気付きもしませんでした」

　アルコールや夫、仕事への依存、そして長女への共依存は、子どもの頃から家庭で感じ続けてきた不安や、満たされない思いに端を発していた。

「母による私への過保護・過干渉は当たり前で、私と母の間には境界線がなかったのです。母にとって子どもは所有物であり、尊重されるべき存在ではありませんでした。母は、子どもを支配することで自分を埋めていました。そして私はそれをそっくりそのまま、自分の子どもにも連鎖させていたのです。浅はかでした。自分と向き合わず、考えることさえ放棄し、子どもを支配して、子どもに欠けた穴を埋めてもらっていたのですから。いつのまにか、嫌っていた母にそっくりなエゴイストに成り果てていました」

　欠けた穴を自分で埋めるには、どうすれば良いのだろう。

「自分が子どもの頃に受けた仕打ちや言葉は、ゴミになって心の奥底に溜まっています。それを、外に出してあげるのです。ミーティングなどで、否定せずに受け止めてくれる人に聞いてもらうと良いと思います。子どもの頃に経験できなかった〝自分の気持ちをそのまま受け入れてもらった〟という感覚を覚えることが大切なので」

そのためには、自分自身と向き合う作業が必須だ。嫌な過去であっても振り返り、痛みを伴う記憶であっても掘り起こし、真正面から受け止めなければならない。

「不登校になった子どもだけをなんとかしようとする専門家や指導者さんもいますが、所詮、子どもをコントロールしているに過ぎません。親と子どもは別の存在であり、何ひとつ思い通りにならないのだということを、親は知っていく必要があります。親は自分で自身を満たし、考え方を変え、子どもには子ども自身の人生を歩めるように、子どもの体や心を返さなければなりません。子どもの問題行動は、子ども自身に問題があるのではなく、実は、〝代々続いてしまっている親の考え方や家族の在り方に問題がある〟ということを暗に教えてくれている場合が多いのです」

吉野さんは、みるみる変わっていった。

災い転じて福と成す

吉野さんが母親と妹の勧めで参加した依存症専門カウンセラーのミーティングは、別人のようになった妹が実家に帰ってきて吉野さんが逃げ出した後、母親がたどり着いた場所だった。母親は妹を治してくれる病院を必死に探し、何軒か回ってようやく行き着いたのが、その依存症専門カウンセラーが所属する病院だったのだ。妹は入院し、母親はその会に参加した。

吉野さんの母方の祖母は、母親が19歳のときに自死している。母方の祖父は中年を過ぎてからリウマチで寝込んでいたが、結婚当初からモラルハラスメントがひどく、要介護状態になってからも「介護されるのは当たり前」という態度で、祖母や子どもたちに辛く当たっていた。やがて祖母はうつ病を患い、40代で自死してしまうと、7人の子どもたちが祖父の世話をさせられるようになる。自己肯定感が低く、人の顔色をうかがう母親の性質は、祖父母のせいで身についたものだった。

依存症専門のカウンセラーは、吉野さんの母親に「思いの丈をぶちまけてきてください」と言って、祖父母の墓参りを勧めた。母親は勧められるままに墓参りをすると、そこで、祖父母に対して長年抱えてきた憤りや寂しさ、やるせない思いをぶちまけてきたという。それからだった。母親は憑《つ》き物が落ちたように明るく愛情深い人になっていった。

　夫は吉野さんと出会ってからというもの、吉野さんから執拗に尽くされてきたため、家の中で威張るクセがつき、モラハラのような言動が目立ってきていた。吉野さんはこれまで、夫には自分が育った家庭のことを一切話さなかったが、カウンセラーの助言を得て、夫と向き合うことを決意。吉野さんが、「本当は尽くすのが嫌だった」と打ち明けると、「そうだったの？　早く言ってくれよ。俺、騙されてたよ」と驚き、翌日から少しずつモラハラは鳴りを潜めていった。

　毒親家庭やモラハラ家庭で育った人が、自分でも毒親家庭、モラハラ家庭を築いてしまうことは少なくない。その理由は、その人自身が毒のある人やモラハラ気質の人を引き寄せてしまうほかに、その人自身が側にいる人を毒のある人やモラハラをする人に変えてしまうケースもあるようだ。吉野さんの場合も、依存傾向のある吉野さんが、無意識に夫をモラハラ配偶者に変えてしまっていた。

　結局長女は高校に4年間在籍したが、卒業することはできなかった。しかし20歳になった長女はアルバイトを始め、家にお金を入れるようになった。自動車の教習所にも通い始めた。絵を描くことが好きな長女は、マイペースでイラストを練習し、22歳になった現在は、アルバイトを続けながら、時々イラストの仕事をしているという。

私が吉野さんに取材を申し込んだとき、「長女に確認しますから、ちょっとお待ちください」と言われた。子どもは親の所有物だと思っていた吉野さんはもういない。「長女を尊重しようと決めたので、長女が嫌ならば取材を受けるつもりはなかった」と言っていた。

「災い転じて福と成す」というように、長女の不登校がきっかけで、吉野さんは母親との関係も改善し、夫との絆も確かなものとなった。長女が、代々続いてしまっている親の考え方や家族の在り方に、問題があるということを教えてくれたのだ。

吉野家に連鎖する毒

長女の４歳下の次女は、長女が不登校になった約半年後、小学校４年生時に不登校になっていた。ほとんど中学校に行かずに高校を受験し、入学するも２年で休学。しばらくフリースクールに顔を出していたが、この春から１年遅れで高校２年生に復学した。

長女と異なり、次女は慣らし保育を経て幼稚園に入園して以降、放任気味になっていた。次女自身、長女に過保護・過干渉する母親を警戒し、距離を取っていたが、そのせいで孤独感を募らせていたようだ。不登校期間中に自分や母親、家族と向き合い、社会での自分の立ち位置なども冷静に分析したうえで、「自分には、好きに生きて食っていける能力はない。だから、生きていくには社会のレールに戻るのが一番安全なんだ」という答えにたどり着き、復学を決めたという。

「約30年前、苦しむ妹と両親から逃げたとき、あのとき、アダルト・チルドレン家庭の連鎖の怖さに気付いていたら、子どもたちをここまで苦しめることはなかったでしょう。もしかしたら、家庭を持つことも、子どもを産むことも考えなかったかもしれません。嫌なものに蓋をして逃げた問題は、必ずまた自分に降ってきて、更なる犠牲者を生み出します。だから、連鎖を断つ機会を逃してはいけませんでした」

長女が高校に行けなくなったとき、吉野さんは一念発起し、生まれ変わったように依存症専門のカウンセラーからがむしゃらに学び、実践してきた。「連鎖を断つ機会」とは、家族ぐるみで向き合わなければならない問題が起きたときのことだ。アダルト・チルドレン家庭の連鎖を断ち切るためには、避けては通れない機会だという。

山梨県医師会によると、「アダルト・チルドレン（Adult Children：以下ＡＣ）とは、子どもの頃に、家庭内トラウマ（心的外傷）によって傷つき、そして大人になった人たちを指します。子どもの頃の家庭の経験をひきずり、現在生きる上で支障があると思われる人たちのことです。それは、親の期待に添うような生き方に縛られ、自分自身の感情を感じられなくなってしまった人、誰かのために生きることが生きがいになってしまった人、よい子を続けられない罪悪感や、居場所のない孤独感に苦しんでいる人々です。ＡＣという言葉は、伝統的な精神医学や心理学の枠組みでの診断名ではありませんが、自分の育ってきた環境、親や家族との関係を振り返って自分自身を理解するための、１つのキーワードとしてとらえることができます。」（「アダルト・チルドレンってなに?」http://www.yamanashi.med.or.jp/tsuru/onepoint/onepoint17.htm）とある。

ストレスが日常的に存在している状態の「機能不全家庭」で育った吉野さんの母親は、ＡＣだったが故に、「機能不全家庭」を築き、吉野さんもまた、ＡＣだったが故に、「機能不全家庭」を築いてしまった。しかし、自身がＡＣだったと自覚し、自分自身の〝生きにくさ〟を理解することで、連鎖は断ち切ることができる。

最近吉野さんは、夫や長女、次女からも、「変わったね」と言われるという。しかしここまで来る途中には、思わず干渉しすぎてしまい、慌てて謝ることも何度もあった。そんなとき娘たちは、「お母さんのほうが毒にさらされてきた期間が長いんだから、治療にも時間がかかるんだよ」と言ってくれた。

「毒親に育てられた子どもには、毒親の因子が受け継がれてしまっています。ですから、親が回復して終わりではなく、子どもに受け継がれてしまった因子の回収までが、連鎖の断絶なのです」

長女は今、自分に毒親の因子が受け継がれてしまっていることに気付き、次世代に毒を残さないよう、自分と向き合う時間を度々設けているという。連鎖断絶の終着点は、吉野さんの娘たちが、自分自身の人生を生きることだ。

吉野さん自身が自立を目標に懸命に学び、努力し続ける。そのありのままの姿を見せていくことは、きっと娘たちの自立に良い効果をもたらすだろう。

第二章

〝愛情〟に培われた
学歴至上主義という毒

「母は、自分が思う幸せの形から、娘がはみ出ることが許せないんです。家の中でも居心地が悪く、窮屈でたまりませんでしたが、たぶん私自身、母に洗脳され、母の価値観を植え込まれていたのでしょうね……」

中学校受験や小学校受験をさせる家庭はいまや珍しくない。子どもの将来を考え、少しでもよい教育を、よい学歴をと願う親の気持ちは誰も否定できないだろう。しかし、それが親のエゴとなってしまっているとしたらどうだろう。

第二章では、「勉強こそが世の中を見返せる術」という強烈な学歴至上主義の母親を持つ30代の女性の事例を紹介する。小学生の頃から家庭教師や塾に月100万円ほどつぎ込まれていた彼女は、自分が母親になったとき、勉強をしない3歳の娘に怒りが湧く自分にはっとした。

関東在住の青山景子さん（仮名・30代）と会ったのは、都内某所にある駅近のカフェだった。取材の打診をすると、青山さんは平日午前中を希望。青山さんには、保育園に通う5歳の娘がいる。おそらく朝、娘を保育園に預けてから取材を受ける算段なのだろう。

金融機関に正社員として勤める青山さんだが、コロナ禍を機にテレワークが認められ、勤務時間は比較的自由なのだという。

青山さんは、飾り気のない漆黒のワンピースを着て、私が待つカフェに現れた。マスクをしているため、唯一見えている目元は肌なじみの良い落ち着いた色のアイメイクが施され、肩にかかる豊かな黒髪にはゆるやかなパーマがかかっている。全体的には、極めて地味な印象。しかし身にまとっているワンピースや肩から斜めがけにしている黒色の小ぶりなポシェットは、シンプルながら上質そうなもののように感じた。

私たちは挨拶を交わした後、青山さんはカフェオレを注文。早速取材を開始した。

両親の出会い

青山さんの両親は、銀行員の父親が30代半ば、英語教師の母親が20代半ばのときのお見合い結婚だ。1年後に姉が生まれ、その4年後に青山さんが生まれた。

父親は忍耐強く、寡黙で優しい人柄だったが、仕事が忙しく、あまり家にいなかった。しかし、家にいるときは可能な限り一緒に遊んでくれる子煩悩な人だった。

一方、母親はというと、青山さんはこう話す。

「ある程度成長してから思ったことですが、母は精神年齢が低く、ミーハーで、接していて小学校低学年くらいの感覚です。目に見えてわかりやすいブランドや学歴には興味がありますが、目に見えないことには全く関心がありません。例えば、美容医療には関心が高く、昔からヒアルロン酸やリフティングなどはやっていますが、お金があるのに歯には無頓着。私は歯並びが良くないのに矯正させてもらえませんでしたし、歯磨きもろくに教えてもらえず、母も私も虫歯だらけです。とにかくブランド志向で、『町医者なんか信用できない』と、都度都度大学病院に連れて行ってくれたので、娘の健康を意図的にネグレクトしようとしたわけではないと思いますが、歯が〝健康に関わる大事なもの〟という認識はないようで、ひどく偏りがある人だなと思います」

　青山さんが本人や祖父母から聞いた話によると、母親は子どもの頃、学業面で落ちこぼれ、周囲に馬鹿にされてきたが、祖父母が裕福だったため、当時は今より多大なコストがかかったにもかかわらず、アメリカに留学させてもらっているという。

「そのため母は、何もできないけど唯一英語はでき、若い頃は重宝されていたようで、自分が〝頭が悪い〟という自覚はないようです」

　実の娘からなかなかの言われようだ。しかし一方で、ここまで言えるのは、物心ついたときからこれまで、一番近くで母親を見てきた実の娘ならではともいえる。

　片付けや掃除が苦手な母親は、家の中はぐちゃぐちゃのゴミ屋敷状態で放置。料理は段取りが悪く、もやしのひげを取っていて夕食の時間が夜遅くなることや、同じものを何日も作り続けることなどは日常茶飯事。しかも作ったものは総じて美味しくない。洗濯物は溜め込み、数日に1回しかしないため、衣服や下着にカビが生えていることもしばしば。そんな母親に対して父親は、そもそも仕事が忙しくて家にいることが少なく、家を建てるときに、裕福な母親の実家に資金援助をしてもらっている手前、文句が言えなかったようだ。仕事で着るスーツやシャツは自分でクリーニングに出し、時間があるときは洗濯をしてくれていた。

「父は背も鼻も高く、格好良い自慢の父でした。母は身長が低く華奢で、60代の今でも可愛いガーリーな服が好きです。父は口数少なく、母は都合が悪くなるとギャンギャン喚《わめ》いてましたが、基本的に夫婦仲は良かったです」

家族旅行や外食に出かけることは頻繁にあったという。

金に糸目をつけない学歴至上主義者

母親の実家が資産家で、かつ銀行員の父親の収入も少なくなかった。そのうえ母親は、超がつくほどの学歴至上主義者だった。

そのため母親は、姉や青山さんが物心つくかつかないかの頃から、生活費は教育費に全振り。幼稚園の頃には、有名私立小学校受験の対策をしてくれる教室に入れられ、受験に合格。

有名私立小学校に入学し、3年生からは家庭教師をつけられたうえに、塾にも通わされた。

それを聞いた私は、大学時代に小学校5〜6年生の家庭教師と、小中学生向けの塾で講師のアルバイトをした経験を思い出した。私の時給は最高でも2000円だったが、青山さんがつけられた家庭教師はそんな大学生のアルバイトではない。1時間3万円の〝プロの家庭教師〟だ。

「母は昔から、『子どもにお金をかける親は偉い』『お金をかけるのが正義』と思っている節があり、当時から母には、私1人の学費だけで、『月に100万円近く使った』と誇らしげに聞かされていました」

母親は度々恩着せがましい物言いをした。青山さんは3〜4歳の頃、体が弱くて頻繁に熱を出していた。結婚・出産後も英語関係の仕事を続けていた母親は、青山さんの看病のために毎回仕事を休んでいたが、さすがに連続するため、ついに退職を決める。以降青山さんは、ことあるごとに、「お母さんは仕事があったのに、あなたがしょっちゅう熱を出すから辞めたの」と聞かされ続けてきた。

「『子どもは宝物だから、お母さんは仕事やキャリアを捨ててやりたいこと我慢してるのよ』『あなたのことが大好きだから、お母さんは自己犠牲で献身してるのよ』というニュアンスのことを言われて、小さい頃は『お母さんの愛はすごいな』と思っていました。でも大きくなるにつれ、『自分の人生を生きてよ。〝自己犠牲の上で成り立つ宝物〟とか意味がわからない』と思うようになっていました」

子どもを大事にしているようなことを言う反面、仕事を辞めた母親は、「朝起きられない」と言って昼近くまで寝ていた。そのため姉も青山さんも、毎朝自分で起き、自分で用意した朝ご飯を食べて小学校に登校。母親は自分の家事能力が低いことを知ってか知らずか、娘たちに家事を教えたり手伝いをさせることは全くなく、ただ勉強だけしていればいいというスタンスだった。

「私は母から、『勉強こそが世の中を見返せる術である』と教えられて育ちました。母はおそらく、勉強ができないせいでいじめられた経験があるため、かなり屈折した学歴至上主義者となり、アメリカの大学に行って英語ができるようになったから勝ったつもりになっているのだと思います」

そのうえ、母親は自ら選んで入学させた小学校の校則や行事に非協力的だった。「意味がない」と言って校則に従わなかったり、教師に注意されると反発するため悪目立ちし、他の保護者たちから浮いてしまう。挙げ句の果てには保護者や教師たちを小馬鹿にするため、母親はもとより、姉や青山さんにも友だちはできなかった。

「『あんたにお金をかけてるんだから言うことを聞け！』と言われて無理やり勉強をさせられて育ちましたが、小学生の頃は周囲もそうでしたし、母親が敷いたレールが当たり前と思っていたため、特に抵抗はしませんでした」

青山さんが通っていた都内の有名私立小学校は、石を投げれば、代々医師の家系の子や士業の家系の子に当たるほどで、青山さんの母親同様、学歴至上主義の親を持つ子どもは珍しくなかった。

いつまでも子どものままで

小学校時代には友だちができなかった青山さんだが、中学に入ると学歴至上主義の親を持つ、似たような境遇の友だちが徐々にでき始めた。

「ただ、中学校・高校でも浮いてはいました。母は家事能力がないため、私の制服の襟も袖口も汚れやシミでドロドロ。なのに持ち物はブランド物。そのアンバランスさで悪目立ちしていました。特に女の子は清潔にしないとお友だちができないと思いますが、清潔にしたり身なりを整えたりなど、人間として当たり前のことをしようとすることが母は気に入らなかったようです。夏場でも母は2日に1回しかお風呂に入らないのですが、私が毎日入ったり、ドライヤーを使ったりすると、『色気付きやがって!』とキレてきました」

成長するにつれ、青山さんは母親のおかしさに気付いていく。中学2年生の頃に、「そろそろブラジャーを買って」と言っても、「まだ子どもじゃない」と笑ってなかなか買ってくれなかったり、塾で先生に質問をしていて帰りが遅くなると、「男か?　男と会っていたのか?」と騒ぎ立てて、家に入れてもらえないなど、母親の言動に疑問を抱き始める。

中学2年生でブラジャーを買ってあげていない時点で、立派な虐待ではないだろうか。私の小6の娘は、4年生の頃からジュニア用のブラをしている。初経はまだでも、胸の発達は進んでいる場合もある。「男か?　男と会っていたのか?」などと、娘に悪い虫がつかないかを過剰に気にするなら、もっと早くブラを買ってあげるべきだ。こうした母親のアンバランスさを、青山さんは〝小学校低学年並みの精神年齢〟と評価したのかもしれない。

「小学生の頃は、家が汚いなどで母の家事能力に思うところはあったものの、毒親とまでは思いませんでした。でも、中学生くらいの頃から、母が私をいつまでも子ども扱いしていて、女性になることを嫌がる様子がわかるようになると、私は母に抵抗するようになりました」

ぽっちゃりめだった青山さんが、体型を気にして痩せ始めると、たちまち母親は不機嫌になる。

「私は3～4歳くらいまで母乳を飲まされていましたし、お洋服なんかも、メゾピアノとかシャーリーテンプルとか、すごくブリブリのデザインのものを着せられていました。母は私に、いつまでも可愛い子どもでいてほしいと思っていたんですよね。でも思春期に入って異性を気にし始めたり、異性の友だちができたりして、ちょっと女性らしくなり始めたタイミングで、母との衝突が増えました」

WHO（世界保健機関）では、生後6ヶ月までの間は完全母乳。その後2歳以上になるまでは、母乳育児をすることを推奨している。私は出産後、母乳の量が少なく、娘の体重が成長曲線の下を低空飛行し始めたことから、小児科医の判断で生後4ヶ月のときに離乳食をスタート。幸いすぐに離乳食が軌道に乗り、心底ほっとしたものだ。最近は両親が共働きで、1歳前後で保育園に預けて仕事に復帰する母親が多いことから、「母乳育児をやめる＝卒乳」の時期も1歳前後の人が多い。もちろん、長く授乳することに問題はないと思うが、青山さんの母親は青山さんが3～4歳の頃までは仕事をしていたというのに、働きながら母乳を与えていたというのは驚きだ。

「私が思春期に入る前から、母は毒母ではあったと思うんですけど、愛情は感じていましたし、『母のご飯は不味《まず》いな』くらいで、それほど不満はなかったんです。でも中学に入った頃から、ちょっと帰りが遅くなっただけで『男か？　男か？』って騒ぎ立てて、こちらの話を全く聞いてくれなくなりました。悔しくて泣きながら訴えるんですけど、母は一度スイッチが入ってしまうと妄想に取り憑かれたように話が通じなくなって、もう、エイリアンですよ。あの頃は本当に家が嫌になりました」

　母親に「男と会っていたのか？」などとありもしないことで疑われると、青山さんは言葉を尽くして説明を試みるが、母親は微塵も聞く耳を持ってくれなかった。青山さんと母親が衝突すると、父親がいるときは父親が間に入って止めてくれたが、仕事で不在のことが多い。ヒートアップすれば、「産まなければ良かった！」「あんたなんか死んでしまえ！」などと暴言を吐かれ、どんなに説明や弁解をしても、母親には言葉が届かない。青山さんは、「自分の話し方や伝え方が悪いのかもしれない」「落ち着いて建設的な話し合いがしたい」と思い、伝え方や話し合いの方法を本で調べるなど努力を重ねたが、母親には通じなかった。悔しくて悲しくて、自分の部屋でひたすら泣いた。やり場のない憤りを、家の壁に穴を開け、物を壊して紛らわすこともあった。そしてその後冷静になると、「ひどいことをしてしまった」「自分はなんて暴力的な人間なんだろう」という罪悪感に苛《さいな》まれ、死にたくなるほど悩んだこともあったという。

束縛する母親

青山さんが高校受験を迎えると、母親は当たり前のように娘の進路を決めた。

4歳上の姉は、私立の小学校に入ったものの、その上の付属中学には成績不足で上がれなかったため、母親と折り合いが悪くなり、父方の祖父母の家に預けられていた。

「正直、母から離れられた姉が羨ましかったです。母にとって子どもはアクセサリーかペットのような感覚で、周りのお子さんがどこの学校に行ったかを非常に気にしていて、『子どもの学校が馬鹿な学校だったり、ヤンキー学校だったりしたら恥ずかしい』などとずっと言っていましたから、恥ずかしくて遠くにやられたのだと思います。まるで子どもはポケモンバトルのモンスターです。子どもではなく自分が〝勝つ〟ために、『早慶以下なんかあり得ない』みたいなことは、小さな頃からよく言われました」

大学受験では、青山さんはＭＡＲＣＨの一校から推薦をもらえた。〝ＭＡＲＣＨ〟とは、明治大学、青山学院大学、立教大学、中央大学、法政大学のアルファベット表記の頭文字で表された受験用語だ。しかし母親が、「早慶以下は受けさせない！」と言い張るため、早慶を受けるが失敗。結局浪人になってしまう。

１浪すると、今度は母親に「ＭＡＲＣＨの法学部か経済学部以外はダメ！」と言われ、最終的にはＭＡＲＣＨの一校の法学部に入学した。

大学に進学し、ほっとしたのもつかの間、今度は母親の監視の目に悩まされ始める。青山さんに近寄る男性たちを、「金目当てだ！」と決めつけ、男女交際を禁止したのだ。

日が落ちてから帰宅するときは、必ず母親が電話をしてきた。青山さんが、「女友だちと一緒にいる」と言っても、「なら一緒にいる友だちに電話を代われ！」と言ってアリバイを確認。気付けば青山さんの友だちの間で、「お母さんやばいよね？」と有名になっていた。青山さんに届く郵便物は勝手に開封して中身を見られていたし、携帯電話も、常に母親の「目の前で話せ！」と言われる。言う通りにしないと怒り狂った挙げ句に無視されるなど、後で面倒なことになるため、やむなく母親に従っていた。

「母は祖母から、『傷物は嫁に行けない』と教えられ、監視されて育ち、私にも同様なことを言ってきました。母は私を全く信用していませんでした。娘どころか、誰も信用していなかったから、母には友だちがいなかったのだと思います」

青山さんの母方の祖母は、関西地方の田舎の大地主だったが、裕福なのに「お金は子孫に残すもの」という考えが染み付き、テレビも見ず、畑仕事をして、質素な生活をしていた。

母親には兄がいるが、祖母は昔の人にありがちな〝長男教信仰者〟だったため、母親は差別されて育ち、祖母を嫌っていた。孫である青山さんが遊びに行っても、祖母がお小遣いやプレゼントをくれたことは一度もない。家は広いが古く、布団も20年以上使っているペラペラのもので、子ども心に遊びに行きたいとは思わなかったという。

父親の死と結婚

母親が「弁護士になれ！」と言い、「ロースクールに入る」という約束で、青山さんはMARCHの法学部に入学した。そのため、大学入学後はロースクールを目指して予備校に通い、一心不乱に勉強したが、青山さんには弁護士になる自信がなかった。

そんな青山さんは、大学3年になると、有名企業のインターンシップに合格。「案外私、就活に向いてるかも？」と思った青山さんは、就職活動がしたくなった。

「小中高大までは母に進路を決められても疑問はありませんでしたが、実際に弁護士試験に何度も失敗して結局資格が取れず、フリーターのような生活をしている人がたくさんいることを知ると、私は真面目なだけで地頭がいいわけでもないし、もっと頭がいい人がたくさんいることもわかっていたので、私が弁護士になるのは無理だと思いました」

　意を決した青山さんが、「弁護士になるのは嫌だ」と言うと、案の定母親は烈火の如く怒り狂った。だが、すかさず青山さんが、「何度挑戦しても資格が取れず、結局フリーターになったら、私が死ぬまで面倒見てくれるの？」とたずねると、しぶしぶ諦めることを許した。

　青山さんが大学を卒業し、金融機関で社会人として働き始めた頃、父親が膵臓がんで亡くなった。判明したときにはすでにステージ4。それから亡くなるまで約半年だった。

　すると、それまで異性との交際に良い顔をしなかった母親が豹変。突然「結婚しろ！」と急かし始めた。付き合いのあるプライベートバンクの銀行員に、「娘が婚活している」と言いふらし、家柄が良い男性を紹介してもらっては、青山さんにお見合いをさせる。勧められるままにお見合いをしてみるが、相手のことが気に入らず断ると、母親は「もしかして、結婚できない男とでも付き合っているのか？」「不倫でもしているのか？」と勝手な思い込みで騒ぎ、怒り狂う。

「母は、自分が思う幸せの形から、娘がはみ出ることが許せないんです。私は子どもの頃から、『孫が生まれても遺伝子が悪いのは嫌やわ』とか『結婚は家と家の付き合いだから、釣り合いが取れた家としないと』と言われ続けてきました。テレビを見ていても、男性アイドルに興味を持たないように、『嵐の櫻井くんは慶應の幼稚舎だけど、他のメンバーは中卒や高卒よ。男の人は顔じゃないの。お金よ』などと子どもの頃から刷り込まれてきました。家の中でも居心地が悪く、窮屈でたまりませんでしたが、たぶん私自身、母に洗脳され、母の価値観を植え込まれていたのでしょうね……」

やがて青山さんは、29歳の頃、職場の人の紹介で、外資系金融企業に勤める４歳年上の男性と知り合い、交際に発展。慶應を卒業し、外資系金融企業に勤めていた男性は母親のお眼鏡にかない、２人は半年後に結婚。約１年後に青山さんは、女の子を出産した。

子育ての成功と失敗

母親は孫をとても可愛がった。

「私は母が嫌いです。でも母は驚いたことに、娘である私が母のせいで何度も死にたいと思い詰めていたにもかかわらず、こんなに私に嫌われても、自分の『子育ては成功した』と思っているようです。娘ができてから気付いたのですが、私は何も自分で判断できず、自分で決められません。アラフォーにもなって、自分が食べたいものも決められず、お店の人に『何が人気がありますか？』と聞いたりします。最近自分でも『異常だな』と思うようになりました」

人生の選択が必要な場面で、青山さん自身が選ぶ前に、有無を言わさず母親が決めてしまったからだろう。

「孫に対しては、私のときほど過度な期待はしていないようですが、『お金なら出すから、私立小に入れたら？』『小学校受験の教室に行かせたら？』などの口出しはしてきます」

母親は現在、東京港区にある高級マンションをゴミ屋敷のようにして、悠々自適に暮らしている。青山さんたちが遊びに行く日は、なんとか足の踏み場はある程度に片付けられているが、「普段はどうだかわからない」と青山さんは言う。

部屋が片付かない理由が家具の配置にあるのだと思い込んでいる母親は、自分で家具を引きずって何度も模様替えするため、床は傷だらけ。青山さんの夫は、「こんな高級マンションをこんな状態にして暮らしている人は、きっと他にいないよね」と笑う。

結婚前から今日まで、青山さんの母親を見てきた夫は、話していると話があちらこちらに飛び、一緒に出かけると不注意から事故に遭いかねない危なっかしい様子から、「お義母さんには娘を預けられないね。預けたとしても外には出せないね」と評価し、「娘がキミのような辛い経験をするのは絶対に避けたい」と言っていた。

「私と夫は常に私の母を反面教師にしています。私は、子育てや教育はお金だけかければいいわけではなく、親が手間をかけるべきだと思っています。でも母は考えを改めず、『子どもはお金をかけたらなんとかなるから、あなたもお金をかけたほうがいいわよ』といまだに説教してきます。散々高い家庭教師や塾はつけたけど、自分は子どもに少しも寄り添わず、隣でテレビばかり見ていたくせに、すごいなぁと思います」

私は、子育てが成功したのか失敗したのかを判断するのは、親ではなく子どもだと思っている。だから私自身、娘に「お母さんの子育ては失敗だった」と言われないように、夫と2人で確かめ合いながら、試行錯誤しながら子育てに励んでいる。

「母にとって私は、理想通りにはならなかったなりにも、母が思う〝近似値〟に育ったのでしょう。だから『成功した』と言い切れる。もしも私が母が求めるレベルの大学に入れなかったり、母が気に入らない夫と結婚していたら……。『成功した』とは言えなかったと思います」

子どもが自分が思う〝近似値〟に育てば、親の多くは「子育ては成功した」と判断するだろう。だからこそ、子育てを評価するのは子どもであるべきだと私は思う。

母親と同じ狂気の芽

それでも青山さんは、つい最近まで自分の娘をかつての自分のように育ててしまっていた。

「社会に出てからわかったのですが、私自身、発達がグレー気味のようで、金融機関によくあるような、間違えたら絶対ダメな細かい作業が向いていないのに金融機関に勤めてしまい、辛い思いをしてきました。そして私が見る限り、娘も発達がグレー。娘には私のような思いをさせたくないと思い、『医者にしたい』『中学受験でトップ校を狙いたい』と意気込み、お子さん４人を東大に入れた『佐藤ママ』の本を片っ端から読み漁りました」

娘がまだオムツをしている時期から山のように問題集を買ってきてやらせ、3歳になると公文に通わせた。まだ、「お母さんと一緒にいたい」「遊びたい」という盛りにもかかわらず、泣いて嫌がる娘を無理やり机に向かわせることもあった。

「まだ3歳だった娘がちっとも公文の問題をやらなくて、怒りがふつふつと湧いてきたとき、私の中にも母と同じ狂気の芽があるのだと、はっとしました」

母親から植え付けられた学歴至上主義の価値観は、一朝一夕には覆らない。「それが娘の幸せと信じていた」と言う青山さんは、地方育ちで地頭が良く、青山さんほどお金をかけなくても一流大学を卒業することができた夫とは、時々喧嘩になった。

娘の教育に悩んだ青山さんは、高学歴の友人たちに、「どんな育ち方をしたの？」「どんな教育がいいの？」と聞いて回った。すると、「自分の親が嫌いだ」という友人が少なくないことに驚いた。中には、30代になった今も両親や祖父母に管理されて暮らし、両親や祖父母への恐れから、毎日の電話を欠かさないという知人もいて絶句した。

「私自身、中学校受験を経験していて、中高通った学校が管理型の厳しい学校だったので、今まで全く違和感を持たなかったのですが、考えてみると、私が母を大嫌いになったのは、母の〝学歴至上主義〟の価値観が大いに関係しているのだと気付きました。学歴は悪いより良いほうがいいとは思いますが、娘には、母との関係に悩み、死にたいと思ったことさえある私のようになってほしくない。娘に小うるさいことを言いたくない。良好な母娘関係を築きたいと思い、学歴を重視する考えを捨てました」

青山さんは、娘を「医者にしたい」「中学受験でトップ校を狙いたい」とは思わなくなったが、有名私立小学校受験は続けるという。

私は初め、これが理解できなかった。

「地域によると思うのですが、私が住んでいる区の保育園は、保護者にサラリーマンが少なく、自営の唯我独尊的な〝俺ルール〟みたいな人が多くて、お子さんを叱らないとか、放任とかが目立ちます。保護者同士でお付き合いする中で、子育てに対する価値観が違いすぎるのです。だから夫と相談して、『ちょっと公立の小学校に行かせたくないね』ということになりました」

私の娘は公立の小学校に通っているが、青山さんの言うことに、思わず激しくうなずいてしまった。娘の保育園でも感じたが、親の価値観や教育方針が合わなさすぎて、「もしかして自分たちがおかしいのだろうか？」と心配になってくることが多々あったのだ。

例えばこんなことがあった。一般的には、保育園に通っているのは、共働きで忙しい親の子どもだ。なのに、一部の親からわざわざ余計な仕事を増やすような提案が出された。保育園で卒園アルバムは用意してくれているというのに、1歳からの5年間の写真を保護者全員から集め、カメラマンを雇ってオリジナルの卒園アルバムを作ろうというものだった。仕事と家事・育児で忙しく、乗り気でなかった私は、「みんな忙しいのだから、賛同しないだろう」と思っていたが、賛同しなかったのは、15家庭中、私の家ともう1家庭だけ。びっくりして学生時代の子持ちの友だち数人に話してみると、「幼稚園ならまだわかるけど、保育園だよね？　信じられない」「こっちは全然そんなことはないよ。都会だからかなあ？」と言い、一様に驚いていた。

また、小学校に上がると、娘から友だちの家庭のことを聞かされるようになった。あくまでも地域性もあるかもしれないが、

・子どもが小学校に入学した途端、スマホを渡して、「わからないことがあったらこれで調べなさい。私に話しかけないで」と言って夜は飲み歩いている親
・自分は仕事で出張だからといって、小学校２年生で何日も１人で留守番させる親
・家がゴミ屋敷のようで、キッチンのシンクに蛆《うじ》が湧いていても平気な親
・小学校２年生で６歳年下の弟のオムツを替えさせ、ミルクもあげて、寝かしつけまでさせている親
・息子が友だちと遊ぶときもついてきて、息子が遠足や社会見学、自然教室などに行く際は、アイドルのコンサートでファンが自作して使うようなうちわを、息子の写真で自作して、学校の校門まで来て振りながら見送りや出迎えをする親

など、耳を疑うような話を聞かされた。こうしたクセの強い保護者たちに育てられた子どもたちが、正しい正しくないにかかわらず、ある程度自分の考えを固め、表に出すようにな

るのが中学校時代だ。合わない子どもは排除され、いじめの対象にされかねない。自分たちとは異なる子育て方針や家庭観を持つ親の多い地域の公立中学校に、さすがにこのまま進ませるのを躊躇《ためら》った私は、通学可能圏内にある公立の中高一貫校の存在を知る。夫と相談したところ、「目標を持たせることは良いことだし、もしも受からなくても、身につけたことは無駄にはならない」と賛成。娘に話すと、「行きたい！」と言ったため、中学受験に挑戦させることにした。

　私たちは、義務教育を終え、高校、大学と進むにつれ、同じような学力レベルの人に囲まれ、同じような学力レベルの人ばかりの世界で生きてきた。それなのに、突然〝地域〟だけ、子どもの年齢だけで区切られた世界に入れられ、結婚や出産の時期などにもよるが、ほぼ同じ時代を生きてきた同じ日本人にもかかわらず、時として数時間一緒にいるだけで「ここまで違うのか！」という価値観の隔たりを見せつけられる。ならば、「地域や子どもの年齢だけで区切られた学校ではなく、なるべく同じような学力レベルの人が集まる学校へ行こう」「価値観が近い人たちが集まる世界へ行こう」と考える人たちが現れるのは自然のことではないだろうか。これが青山さんが、娘の小学校受験を続ける理由だった。

毒親でなかったとしても

青山さんは、娘の中学受験でトップ校を目指すことを諦めた今でも、やはり「自分は毒親ではないか」と思うときがあるという。

「今の親って『こうあるべき』っていうのがすごく強くあって、自分で自分を苦しめている人が多いのではないでしょうか。私もまさしくそうで、自分が毒親育ちだったからこそ、『子どもにはこうしてあげたい』『いいお母さんになりたい』っていう理想がすごく強くて、親にしてもらえなかったことを子どもにはいろいろしてあげたいと思うんです。うちの母は、お金があったからこそアウトソーシングが多くて、子どもに寄り添ってくれませんでした。小さい頃も、青山とか広尾とかのカフェでアフタヌーンティーとか、ホテルでお食事とか、母親自身が楽しいと思うことに付き合わされることが多かったので、私は娘ファーストで、娘に寄り添おうって思って実行しています。けれど、やっぱり疲れるんですよね。『こうあらねば』って思って、『これもしてあげたい』『あれもしてあげたい』で帰宅して、『いっぱい遊んだからお勉強しようね』って言って勉強させて……。自己満足なのはわかっていますけど、仕事もしているし、娘がやる気がなかったりすると、『私はこんなに頑張っているのに、なんで？』と思ってイライラしてしまって、ブチギレてしまうことはたまにありますね」

それはおそらく、毒親でなくてもある。多くの親は、「子どものため」を思うあまりに言いすぎたりやりすぎたりしてしまい、反省しながら、迷いながら、確かめながら、子どもと向き合うものだと思う。

また、「こうあるべき」と気張りがちなのは、特に母親に多い印象だ。その理由は、日本は母親に課せられた責任や義務があまりにも多く、気を張っていないと果たせないからかもしれない。少子化が進みすぎた昨今では、身近に子どもがいない人が増え、子どもがどういうものかを知らない人の割合が大きくなっている。子どもが多かった時代には、「子どもはそんなものだよね」「子どもだから仕方ないよね」と許されてきたようなことも、許されない空気になってきている。だからなおさら、気張らずにはいられない。これは、私自身も母親になってから強く実感していることだ。

「一生懸命取り組んでくれたら全然腹立たないんですけど、約束を破ってやらないとかだと、『こんなにしてあげてるのに！』なんて思ってしまいますね。そんなとき、夫が制止してくれて、逆に私が怒られて、私が悪いときは、娘に『ごめんね』って謝るんですけど、ちゃんとストッパーがあるのはありがたいことだと思います」

祖母から続く毒母の連鎖

毒親の多くは自分が間違っているとは思わないため、心から謝れない人が多い。子どもに謝ることができるということは、子どもを自分の所有物扱いをしていないという意味でとても重要なことだ。青山さんの母親も、「子どもに心から謝れない」親の一人だった。

青山さんの中学の同級生で医師になった友人は、青山さんの母親のこともよく知っている。その友人は、「お母さんは境界性パーソナリティ障害ではないか」と言い、青山さん自身も、「母は境界知能かつ発達障害ではないか」と考えているという。

「でも、毒親＝発達障害というわけではなくて、メタ認知というんでしょうか。普通の人は自分をこう、俯瞰して、客観的に見るじゃないですか。子育ての場合も、初めてのことで不安だったら、他のご家庭はどうしているんだろうとか考えて、ママ友を作ったりとか、本を読んだり調べたりとかしますよね？　けど、母もそうですが、毒親にはそれがなくて、自分が正しいと思った道で、自分が持ってる古い情報のまま突き進んでしまう。だから、男女交際の場合も、母は自分の母親に教えられたままアップデートされていなくて、『何かあったらお嫁に行けない』みたいなそういう田舎の古い考えのままでお見合いをさせたりする。それって多分、母に仲の良い友だちがいて、情報がアップデートされていたら、また違ったと思うんです」

母親は青山さんが知る限り、青山さんが物心ついたときから今日まで、1人も友だちがいない。

「私が成人してから母に、『私は田舎で生まれて、封建的な価値観で育ったから、男女交際についてわかってあげられなかった。ごめん』みたいな感じで謝られたことがあるんですが、基本的には多分、母は自分が悪いと思っていなくて、間接的に祖母のせいにしてるんですよね」

青山さんは娘を出産した2年後、夫と母親と一緒に、関西の田舎で暮らす母方の祖母に会いに行った。祖父は10年ほど前、がんにより80代で亡くなっているが、祖母は相変わらずテレビもなく、隙間風が吹くようなボロボロの広い屋敷で、たった1人で暮らしていた。祖母は母親のように家事能力が低くはなく、家の中はきれいに掃除され、整理整頓されている。しかし度を越したケチのため、十数年ぶりに訪れた青山さんは、まだ祖母が古いペラペラの布団を使っていることに驚愕し、布団を新調するよう提案。だが、祖母は頑《かたく》なに首を縦に振らない。青山さんは、「それなら仕方ないね。近くに宿もないし、娘はまだ小さいし、こんな隙間風が吹いて寒い家にはもう連れてこられない」と言ったが、祖母はそれで構わない様子だった。

しばらくして、説得を諦めた青山さんと夫が、祖母からあてがわれた部屋に入り、30年以上使っているであろう薄くペラペラの布団を敷いていると、祖母の怒鳴り声が聞こえてきた。何事だろうと思った青山さんと夫が見に行くと、祖母と母親が大喧嘩を繰り広げている。母親がスマホをいじっていたところ、それを不快に感じた祖母が、「男か？　男と連絡を取り合っているのか？」と騒ぎ始め、母親が必死に弁解しているのだ。友だちのいない母親は、学生時代も英語教師として働き始めた後も、どこにも寄らずまっすぐ家に帰ってきていた。しかし、たまたま忘年会で帰りが遅くなったことがあったらしく、祖母は30年以上前の話を掘り返し、それだけでは飽き足らず、10年以上前に亡くなっている青山さんの父親の話まで持ち出して、「あんたは未亡人なんだから、喪に服さんとあかん！」「死んだ夫に申し訳ないと思え！」などと言って母親を罵倒していた。

「私は子どもの頃から祖母のことが嫌いだったんですけど、それを見て、ちょっともう、『祖母は無理だな、絶縁しよう』って思いました。うちの母はもう60代ですし、太っているし、全然男性受けするような容姿ではないんですよ。なのに祖母に責め立てられた母親が泣き出して、ものすごいカオスな状況で……。夫と2人で『吉本新喜劇か！』って笑ってしまいました。『ああ、この人のせいなんだろうな』と悟りましたよね。なので、母が毒親だったのは、障害ではないかと思っている部分と、あの祖母のせいだなと思っている部分がありますね」

まさに毒親の連鎖だ。だとしたら祖母の親、青山さんにとっての曾祖父母はどんな人だったのだろう。

「やっぱり地主で、すごいお金持ちだったと聞いています。祖母は何人かのきょうだいの一番下だったらしいんですけど、お姉さんのうちの1人が結核だったそうで、親が、『病気で亡くなる人生ではかわいそうなので、せめて結婚させてやろう』と言って結婚相手を探し、相手には持参金で工場を建ててあげたといいます。その後お姉さんが結核で亡くなると、工場が結婚相手のものになってしまって揉めたとか……」

あげるつもりで建てたのではなかったのか。

「あと、一番上のお姉さんは上場企業の創業者一族のお金持ちの人と結婚して、その後愛人ができたらしく、遺産相続で揉めたとか……。とにかくお金で揉めることが多い家だったみたいですが、末っ子の祖母はあまり可愛がられなかったようです。結婚相手として選ばれた祖父は小作人の出で、祖母は祖父を見下していました。でも、祖父は頭がいい人だったようですし、祖母は自分の両親が、『子どもたちに教育をろくに受けさせなかったから、落ちぶれていったんだ』と思っていて、母や伯父（母の兄）の教育にはめちゃくちゃお金をかけたようです。だから当時としては莫大なお金がかかるし、『女に学はいらん』みたいな時代ですけど、母にアメリカ留学までさせることができたのですよね」

青山さんの母親は、幼い頃からこうした話を自分の母親（青山さんの祖母）から何度も聞かされて育ったのだという。青山さんの母親の、「他人に対する疑り深さや学歴至上主義は、こうして培われたのか」と合点がいった。

複雑な母娘関係

取材中、青山さんは何度も、「母のことは嫌いです」ときっぱり言った。しかし現在も交流はあり、時々一緒に旅行に行ったり、外食に行ったりしている。旅行に行けば、待ち合わせ場所に2時間以上遅れてきたり、「今どこにいるの?」と電話をすれば、全然とんちんかんな場所にいたりしてイライラさせられることも多い。外食をしても会話が噛み合わず、怒りを覚えることも少なくない。そのため青山さんは、母親と一緒にいる間はスマホをいじっていて、全く会話をしないことも珍しくないという。それでも不思議なことに、青山さんの言葉の端々からは、母親に対する〝愛情〟が感じられた。

「相変わらず学歴至上主義者なので、孫の教育にもすごい関心があって、娘の私立小の学費とかお教室代金とか、年間３００万ぐらいかかるんですが、『もっといい教室行きなさい』って言って出してくれるんですよ。食事に行っても、旅行に行っても、全部払ってくれるし、父方の祖母が施設に入っているんですが、その施設の費用も母が出しています。お金を出すだけじゃなくて、時々会いに行ってあげる優しさもあって……。母を憎みきれないのは、そうした優しさを感じることや、〝愛情〟をかけて育ててくれたことが分かるからですね」

学歴至上主義の母親は、青山さんが宝物だったが故に、教育面や異性との交際面で激しい過干渉になった。青山さんが思春期を迎えると、衝突することが増え、時にひどいことも言われたが、それでも青山さんには、母親の〝愛情〟は伝わっていたのだ。

青山さんが娘を妊娠したとき、こんなことがあった。自身に甲状腺関係の疾患があることが判明し、不安になった青山さんは、検査結果が出る前にネットで『甲状腺　妊娠』などと調べては、正確なソースも確認せずに、「障害児が生まれる可能性がある！」と動揺し、泣いて過ごしていた。すると母親から、「どんな障害があっても私は愛する。大丈夫だから安心して産みなさい」と言われ、とても心強かったという。

「夫も、『本当に優しくていい人だけど、不器用なんだよね。不器用だから、やり方が全然間違っているんだよね』ってよく言っています。夫からすると、私もそうらしいんですよね、娘に対して。『すごく愛情はあるけど、不器用だよね』って言われます」

青山さん母娘の、複雑な信頼関係が伝わるだろうか。

私の母は青山さんの母親ほどではなかったが、過干渉だった。成長してから気付いたが、小学校1～2年の頃の私は母から教育虐待を受けていた。それでも私は青山さん同様、母と距離を置こうとは思わず、現在も交流を続けている。なぜかと問われれば、青山さん同様、母からの〝愛情〟が伝わっていたため、信頼関係が構築できていたからではないかと分析している。

多くの場合、親から受ける愛情が子どもが求めているものとは違ったり、多すぎたり少なすぎたりした場合に、子どもや周囲に過干渉や虐待と評価される。青山さんや私の場合、母親の〝愛情〟は豊かだった。だが、その中の何割かは子どもが求めていた愛情だったが、大半は母親の独りよがりだった。母親が独りよがりの〝愛情〟を子どもに注いだのは、「子どもは親の所有物」と思い込んでいたからだろう。私の母の場合は小学校低学年まで。青山さんの母親の場合は、大学受験時までは強固に思い込んでいたが、以降は徐々に緩んでいったように感じる。

「たぶん母は、私が大学受験に失敗しても、『女子大や三流の共学に行くくらいなら、お金は出すからアメリカの大学に行きなさい』と助言したと思います。結婚相手にしても、反社会的な人だったり、あまりにも非常識な人だったら母は拒絶したと思いますが、子どもの頃から母に洗脳され、母の価値観を植え込まれていたせいもあるかと思いますが、私自身がそんな人は選びませんでした」

　青山さんには、少なくとも大学受験時にはすでに、「母は私を絶対に見捨てない」という確固たる自信があった。母親の過干渉は青山さんが結婚相手を連れてくるまでは続いたが、青山さんが自分のお眼鏡に叶うような結婚相手を連れてきた時点で、母親の激しい過干渉は鳴りを潜めた。このことは、母親が「子どもは親の所有物」という思い込みから脱したこと。そして、青山さんが母親からの揺るぎない信頼を得たことを意味する。ちょうど、母親の過干渉が緩んでいくのに反比例する形で、青山さんと母親の信頼関係が強固になっていったのだ。

　それは、子どもの頃から長年の間、幾度となく母親が課してきた期待に、娘である青山さんがある程度応え続けてきたことによって勝ち獲った信頼とも言えるかもしれない。おそらく他人に対して疑り深い青山さんの母親にとっては、青山さんの父親に続き、人生で二番めに信頼できる人間が娘である青山さんとなったのだろう。

　現在は、母親が娘の教育に口を出しすぎると、青山さんが「もう娘に会わせないよ！」と注意する。すると孫に会えないのは辛いらしく、母親は口出ししたいのを懸命に我慢しているようだ。

「今でも母は、小学校受験の模試の結果とか、ものすごく気にしています。でも昔と違って、今はプロセス重視の子育てに変わってきているということもわかっていません。情報をアップデートさせるために、母に『読んでみて』って育児本を渡したんですが、読まないんですよ……。結局母も祖母も、人の話を聞かないんですよね。他の人の意見を聞くことってすごく大事なことで、私も毒親の素質があるから、意識して他の人の意見に耳を傾け、アップデートしていかないといけないなと思っています」

　子どもに対する愛情を全く感じられない毒親が多い中、青山さんの母親は、〝愛情〟があるがゆえに教育虐待や過干渉に陥ってしまったケースだといえる。幸いなことは、それでも娘である青山さんが、母親の〝愛情〟をちゃんと感じ取っていたことだ。

「母は、孫が可愛い。私は、お金を出してもらえる。だからお互いに付き合うメリットがある。でも、それだけじゃなくて、私も、母に対して情があるんだと思います。だから娘も私に情を感じてくれたら良いなと思って子育てしています」

子どもを持ってから親の気持ちがわかるようになったという人は少なくない。青山さんが母親との関係を冷静に分析できるようになったのも、子どもと親ではなく、親と親という立場で母親を見られるようになったためではないだろうか。母親を反面教師に、娘とは適切な愛情を注ぎ合う、健全な関係を築いてほしい。

第三章

嫁姑問題でこじれた共依存という毒

「少し前までは、私も母と同じで、気分で態度を変えるひどい親でした。自分が毒親育ちだったと知り、自分が子どもたちにしていたことがひどいことだったと気付いてから、子どもたちとのかかわり方を見直しました。」

母親が父親の両親と同居する場合、嫁姑問題に発展するケースは少なくない。世代による考え方やその家庭独特の慣習の違いは、特に子育てに顕著に現れ、しばしば衝突を招き、子どもが祖母と母親の板挟み状態になるだけでなく、母親のストレスが子どもに向く要因ともなる。

第三章では、不仲な両親のもと、嫁姑問題や男尊女卑の考え方がある家庭で育った、現在40代の母親の事例を紹介する。彼女は、めったに褒めず、貶《けな》すばかりの母親と同じ看護師の道を選択。精神的にも肉体的にも疲労困憊《こんぱい》に陥ったとき、母親が毒母だったこと、そして自分自身も毒母になっていたことに気付いた。

山陰地方在住の金山玲美さん（仮名・40代）との出会いは、現代ビジネスオンラインで連載している『子どもは親の所有物じゃない』だった。この連載では、子どもの頃に親から所有物扱いされて育った人を取材し、その半生を記事にしている。そこに自分の体験を詳細に記したメッセージを送ってきてくれたのが始まりだった。連絡を取ると、「多分、誰かに聞いてもらいたかったのだろうと思います」と言って快く取材を受けてくれた。取材先のカフェに現れた彼女は、明るい茶色に染めた肩くらいまでの髪を後ろで束ね、前髪は上げてピンで留めており、真っ白なワイドパンツの上に、墨色で透け感のある綿のワンピースを、ベトナムの民族衣装アオザイのように重ね着していた。私は、その見た目や温和そうな雰囲気から、ムーミンに出てくるミーのお姉さんのようだと思った。

お見合い結婚の両親

金山さんの公務員の父親は結婚前、何度かお見合いをしていたがなかなか決まらず、30歳を迎えて、両親から結婚を急かされていた。一方、当時公立病院で働く准看護師だった母親は、正看護師の資格を取るため、夜間学校に通いながら仕事をしていた。お互いに公務員だった両親は、上司から勧められ、父親31歳、母親25歳のときに見合いをし、話がまとまった。しかし夜間学校に通っていた母親が、「結婚は卒業まで待ってほしい」と言ったところ、「すぐに婚約だけしてくれ。来年には結婚式を挙げさせてくれ」と父親側からせがまれ、すぐに婚約。父親32歳、母親26歳で結婚すると、父親の実家で暮らし始める。約半年後、母親の正看護師の国家試験のときには、すでに金山さんがお腹におり、その夏に出産した。

「私が物心ついた頃には、両親の仲も、母と祖母の仲も険悪でした。母と祖母は、私が生まれる前に相当やり合ったのだと思います。母からは、『おばあさんから受けるストレスのせいで母乳が出なくなった』と聞かされ、祖母からは、『お前のお母さんはダメだ』『ひどい嫁をもらった』と聞かされていました」

金山さんの母親は、家事ができなかった。中でも掃除や整理整頓が苦手で、靴下や服を脱いだら脱ぎっぱなし。外から帰ったらカバンや荷物をいつまでも置きっぱなしにするため、いつも父親や祖母に注意されていた。祖父や父親が読んでいる新聞を、読んでいる側から平気で踏んづけて歩くクセも、何度指摘されても直らなかった。

また、母親は、まだ幼い金山さんに厳しかった。金山さんが泣くと必ず、「早く泣き止みなさい！」と怒鳴った。父親や同居していた祖父も子どもの泣き声が苦手のようで、金山さんが泣くと、すぐに母親に泣き止ませるよう言った。そのため金山さんは、「泣くのは悪いことなんだ」と思い、めったに泣かない子に成長した。

「現在12歳の私の長女も、いまだに上手く話せなくて泣き出すことがあるので、もっと幼い子どもが自分の気持ちを泣かずに言語化できるわけがありません。今考えると、理不尽な理由で怒られていたなと思います」

唯一祖母だけは、「そんなに泣くもんでねぇ」と、優しくなぐさめてくれた。

金山さんを出産した翌年、母親は弟を出産すると、約３ヶ月後には看護師の仕事に復帰。父親や祖母の小言を聞きたくない母親は、看護師の仕事に逃げたのだ。

男尊女卑が染み付いた家

看護師の仕事に復帰した母親は、仕事の後も休みの日もパチンコに行くため、ほとんど家事育児に関わらなくなる。家事全般を担うのは祖母。お風呂に一緒に入ってくれるのは、いつも父親だった。だから、金山さんは髪を伸ばしたかったが、父親が「洗うのが大変だからダメだ」と言うため、１人でお風呂に入ることができるようになるまでは許してもらえなかった。

また、家族で温泉や海水浴に行っても、母親は金山さんを女子更衣室や女子シャワーに連れて行ってはくれなかった。金山さんが10歳くらいになるまでは、父親と弟と一緒に男子更衣室や男子シャワーを使うしかなかった。

さらに、風邪を引いたり熱を出したりすると、必ず母親に怒られた。

「母は家族が具合を悪くすると、機嫌が悪くなっていました。母の妹が病弱だったようなので、母の子どもの頃のトラウマなのか、それとも家族が具合が悪くなると自分の都合良く動いてくれなくなるからなのかは謎ですが、いつも母は、『人の痛い痒《かゆ》いは聞きたくない』と言っていました」

「人の痛い痒いは聞きたくない」と言いながら、看護師として働いているのだから不思議だ。祖母は、金山さんが体調を崩すと、ひどくなる前にこっそり薬や栄養ドリンクを飲ませてくれた。

金山さんが小学校2年生になると、同じ地域から小学校に通っていた女子グループの中で、1人の女の子から仲間はずれにされるようになった。悩んだ金山さんが、意を決して母親に相談すると、「あんたが悪い」と一蹴される。

後日、その女の子から「悪魔」と言われ、金山さんが泣きながら帰宅したところ、見かねた祖母が相手の家に電話をし、相手の親と子どもに謝罪させてくれた。

「母に『あんたが悪い』と言われて、『いじめられるほうが悪いのかな』『いじめられてるって言っちゃダメなのかな』『祖母に泣きつかなければ良かったのかな』と思いました。祖母が電話してくれて、親子でうちに謝りに来てくれましたが、母に言われた一言のせいで、かなり罪悪感が残りました」

弟との扱いの差にも悩まされた。弟はスーパーファミコンやプレイステーションのソフトが発売されるときは、発売日当日に買ってもらえることがほとんど。にもかかわらず、金山さんはクリスマスプレゼントも誕生日プレゼントも小2でなくなり、ケーキのみだったのだ。

「今考えると母は、パチンコをするお金はあるけれど、私にお金はかけたくないと思っていたようです。だから私は最近まで、小2を過ぎても娘たちに誕生日とクリスマスのプレゼントを渡す夫が理解できませんでした。夫は、自分のお小遣いを減らしてまで、子どもたちにプレゼントをしていたのです。『なんでそこまでするの？』と聞いたら、『大事にしてあげたいから』と当然のように言うので、私が育った家庭がおかしかったのだと改めて気付かされました。父は、学校で必要な物は普通に買い揃えてくれていたため、我が家は普通の家庭だと思い込んでいました」

　基本的に家にいて、家事育児をするのは祖母だった。そのため金山さんの実家の中には、「女は嫁に出して家には残らないもの。家督になる弟のほうが偉い」という古い教えがまかり通っていた。家の中で一番偉いのは祖父。次に偉いのは父親だった。祖母は息子である父親の細々した世話を焼き、「眼鏡を持っていってやれ」「箸を渡してやれ」などの用事を金山さんには言いつけたが、弟には一切頼まなかった。

褒めない両親

同じ頃、金山さんは、母親に勝手にそろばん塾へ入れられた。嫌々通い始めた金山さんだったが、同級生がほとんど通っていなかったため、1年経たないうちに「やめたい」と訴えた。すると母親は、「一度やめたらやめ癖がつく、我慢を覚えない子になる！」と激怒。それでも何度か訴えると、しぶしぶやめさせてくれた。

ところがやめた後、母親に言われた言葉からひどい罪悪感を覚えた金山さんは、3年生になったとき、自分から「そろばん塾に通いたい」と母親に頼み込み、また通い始める。その頃にはクラスの3分の1くらいの子どもが通い始めており、楽しく通うことができた。

「後で気付いたのですが、母は算数が苦手のようで、小学校1、2年生のときの宿題すら教えてもらえませんでした。自分の苦手科目だったため、そろばんを習わせれば算数が得意になると思って習わせたのだと思います」

父親は、金山さんがテストで良い点を取ってきても、「大したことない、そんなので満足するな」と言い、褒めてくれなかった。母親は、「最初はグーで、後はパーにならないようにしなきゃならないいな（※方言　しなければいけないよ）」と口癖のように言った。これはどういう意味だろうか。金山さんによると、「小さい頃は勉強がよくできても、大人になって大したことない人にならないように」という意味らしい。「十で神童十五で才子二十過ぎれば只の人」を言い換えたもののようだが、独特の言い回しから想像するに、母親自身が子どもの頃に、親に言われた言葉なのかもしれない。金山さんが結婚、出産した現在も、母親が金山さんの小6、小4の娘、小2の息子の成績を聞いてくるため、金山さんが「得意科目は100点取れるよ」と答えると、案の定「最初はグーで……」と孫たちに言い始めるという。

やはり唯一祖母だけは褒めてくれたが、両親があまり良い顔をしないため、金山さんはテストで良い点を取っても、誰にも見せなくなっていった。

不仲な両親と嫁姑問題

金山さんの両親は、顔を合わせれば喧嘩ばかり。そのため子ども心に金山さんは、「なんで結婚したんだろう?」と不思議でならなかった。

金山さんが高学年になった頃、両親と金山さんの3人で、父親の運転する車で繁華街まで出かけたことがあった。金山さんと母親がデパートで買い物をしている間、父親はパチンコをしていたところ、パチンコに負けて面白くなかった父親は母親と大喧嘩に。怒った父親は、金山さんと母親を置いて1人で帰ってしまう。その後、母親は1週間ほど父親と口をきいていなかった。

一方、祖母はせっせと父親の世話を焼き、夫婦喧嘩となれば父親の肩ばかり持った。

「祖母は、母のだらしなさに呆れ果て、孫の私に愚痴ばかり聞かせてきたので、幼い頃の私は『なんでお祖母ちゃんはお母さんの悪口を言うの？』と思っていました。今思えば本当に母も母で、パチンコか仕事しかしないで部屋を散らかし、子どもの世話や夕飯の支度などまで姑に任せっきりでは、文句を言われても仕方ないと思います。父と祖母はよく私に、『あんな風にだらしなくなるな』と言って、厳しく躾けようとしていました」

夕飯の支度は、平日は祖母、土日は母親の担当だったが、土日はもっぱら家族でパチンコに行っていたため、夕飯の支度が嫌な母親は、外食を提案。祖父・父親・母親がパチンコをしている間、金山さんは祖母と弟と車の中で遊んだり、夏場は涼しい店内や外の木陰で漫画や本を読んだりして過ごした。

「小学校高学年や中学生になると、友だちは休みの日には、お母さんと映画や買い物に行ったって言うのに、うちの母はパチンコばかり。この頃から『うちの母は変なのかな？』と思い始めていました……」

母親と同じ道へ

中学校を卒業した金山さんは、地域で2番目の進学校に合格。しかし入学後、仲の良い友だちと離れたくなくてバレーボール部に入ると、練習が厳しいだけでなく、監督の暴言も激しかったため、毎日心身ともにヘトヘトになる。マネージャーになろうと思ったが、母親からは「マネージャーになるのはやめるのと同じ」と言われ、そろばんのときの、「一度やめたらやめ癖がつく、我慢を覚えない子になる！」の言葉が頭から離れず、八方塞がりに。

「今思うと、監督はモラハラ・パワハラ当たり前の人でしたが、当時の私は、母親から似たような行為を受けていたためそれに気が付かず、親や祖父母に相談することもなく、ましてや『そんな監督がいる部活、おかしいからやめなさい』と言ってくれる家族もおらず、やめていく先輩や同級生をすごいなと思って見ていました」

高校2年生のとき、80代だった祖父が亡くなった。基本は祖母が在宅介護していたが、中心静脈栄養の管を抜いてしまったときや、点滴が必要なときなどは看護師である母親がサポートしていた。亡くなる前日まで歩くことができた祖父は、夜中に家を抜け出し、一晩中歩いて心臓発作を起こし、翌朝亡くなったという。金山さんが生まれ育った地域は閉鎖的な田舎だったため、近所の人たちから母親は、「看護師の嫁がついていながら……」と非難を浴びた。

絵を描くことが好きだった金山さんは、高校卒業後の進路を考える際、その道に進みたい気持ちがあった。しかし誰にも打ち明けず、もちろん両親が金山さんの志望を聞き出すこともない。不仲な両親は、「女は大学に入っても、金がかかるだけでダメだ」と珍しく意見が合い、金山さんの大学進学の道を閉ざした。「中途半端な頭なら、手に職しかない」と言って両親が提示したのは、母親と同じ看護師の道。結局それが金山さんにとっての、本当の地獄の始まりだった。

苦しいのに離れられない共依存

金山さんが通っていた高校から看護師を志す場合、3年で正看護師の資格が取れる学校や、看護大学へ進学する人がほとんどだった。そんな中、准看護師の資格が取れる学校にしか入れなかった金山さんを母親は、「あんなに良い高校に入ったのに！　情けない！」「准看の学校なんて誰でも入れる！　信じられない！」などと、金山さんの顔を見る度に繰り返しなじるようになった。たまらなくなった金山さんが、「もうやめて！」と泣いて頼んでも、数日後にはまた、「情けない」「信じられない」となじり始める。

「父が『もう止めろ』と言った記憶がありません。基本、父は母が私に何をしても止めません。母に注意しても、倍返しを食らうだけですし、自分の言うことなんて聞かないと思って諦めていたのだと思います。祖母は何度か止めてくれましたが、『おばあさんは黙ってて！』と母が遮り、いつまでも母の説教は終わりませんでした」

准看の学校で実習が始まり、学校であったことを母親に話すと、さらに罵倒された。

「実習で、『手術を見学して具合が悪くなった』と話したら、『情けない』『お父さんそっくり』『気の小さい女だなぁ』と馬鹿にされたり見下されたり……。いつも最後には、『自分が准看のときには、交通事故の検死に付き添い、腕を拾ったものだ』とか自慢されて終わりです。私は共感してほしくて話すのですが、母に話すといつも説教と自慢ばかり。私を罵《ののし》る意味がわかりませんでした。でも今考えると、母は娘の将来を悲観したわけではなく、出来損ないの娘を持った自分がかわいそうでかわいそうで、自分の気が休まらないから、娘に当たり散らしていたとしか思えません」

さらに弟には、「姉ちゃんは親の言いなりだよね。見ていてイライラする」と言われ、ショックを受けた。

私は金山さんの話を聞いていて、弟の気持ちがよくわかった。母親と同じ看護の仕事になど、就かなければ良かったのに、就いてしまう。母親に実習の話などしなければいいものを、せずにはいられない。そして案の定見下され、自慢され、罵倒される。毒親育ちの子どもの多くが、大人になるまで自分の親が毒親とは気付かず、親に認められたいあまりに、いつまでも毒親から離れられない。離れないから、苦しめられ続ける。金山さんは、母親に共感してほしくて、母親からの愛情を切望して言動を起こしているのだろうが、この母親には通じるわけもなく、すべてが裏目に出てしまう。金山さんは、母親との共依存関係に陥っていた。そんな状況を一変させたのが、夫との出会いだった。

消えない不安

金山さんが准看護学校の2年生になる年、大学受験に失敗した弟の予備校通いのため、一緒にアパートを借りて2人で暮らし始めた。どちらも実家から通うには厳しい距離だったからだ。

その年の秋。硬いものを食べて口が開かなくなった金山さんは、近所の内科から紹介されて、大学病院の口腔外科を受診。顎《がく》関節症と診断され、「寝てる間、音がしないレベルの歯ぎしりをかなりしている」と言われる。

「医師は、『歯ぎしりは脳のブラックボックスだ』と話しており、当時から〝顎関節症は心身症である〟と定義されています。今考えると、これも溜まりに溜まったストレスのせいだったのではないかと思っています」

1年後に弟は国立大学に合格し、県外に出た。金山さんは准看護学校を卒業後、高等看護学校に進学し、学校の近くで1人暮らしを開始。その後、就職先が実家に近かったため実家に戻り、実家で3年間暮らしてから、4年目以降は寮に入った。

やがて金山さんが27歳のとき、職場の友人から、ひとつ年下のメーカー勤務の男性を紹介される。

1ヶ月後には交際に発展し、1年半後に同棲の話が出ると、金山さんは、「父が同棲なんて許すはずがない」と思い、「同棲するなら籍を入れてからでないと無理」と男性に決断を迫ったところ、結婚することになった。

30歳で長女を出産し、育休後、復帰を急かされていた金山さんは、勤務先の病院から「復帰後は夜勤もしてほしい」と言われて悩んでいたところ、2人目の妊娠がわかったため、退職する。

夫は家事にも育児にも協力的で、金山さんが体調不良や疲労で動けないときはもちろん、そうでないときでも、子どもの保育園のお迎えから夕食の支度、入浴や寝かしつけまで、全部１人でこなしてくれることもあった。

次女出産の２年後、34歳で長男を出産。理解のある夫と３人の子どもに恵まれ、傍目から見ても幸せなはずの金山さんだったが、それは彼女にとって、薄氷の上を歩くような日々だった。

「長男を産んだあと辺りから、母から暗に、『あんただけ幸せになることは許さない』と言う圧が感じられて、『幸せになってはいけない』といつも心の深いところで思い込んでいました。幸せが怖かったです」

結婚して実家を離れても、金山さんは、「いつかダメな自分を夫は見放すのではないか」「母のいない、今の夫と子どもたちとの幸せな生活がなくなってしまうのではないか」という不安に苛まれ続けていたのだ。

母親の呪縛

祖母や母親から、「男の人に家事をさせるな」と言われて育ったせいだろうか。金山さんは、夫が掃除をしてくれるだけで嫌な気持ちになった。また、夫は若くして母親をがんで亡くしているため、年に何度か義父1人で家に遊びに来ることがあり、その際、義父が浴室や車の中などを簡単に片付けてくれることがあったが、金山さんはそれも嫌でたまらなかった。

「母が片付けや掃除ができず、祖母や父に悪口を言われているのを見てきたので、片付けが下手な私を見かねた夫や義父が、仕方なくやっているのだと思ってしまうのです。夫からは、義父は少しでも私や孫たちが楽になるために、『やりたいと思ってやる人だから、気にしないで』と言われますが、私のトラウマは深いみたいです」

　子どもが生まれてから金山さんは、泣き声やわがまま、抱きつきなどにも、ずっと拒否反応が出ていた。長女がイヤイヤ期を迎えた頃、言うことを聞かない長女に対し、無理やり押さえつけて言うことを聞かせていると、夫から「それじゃダメでしょ？」と言われ、カチンと来た。「でも私はそうやって育てられてきたの！」と言い張り、口論になる。

「夫は子どもたちに軽口を叩かれても、怒らずに笑っていました。私が、『なんで怒らないの？』と聞くと、『そこはそんなに重要じゃない』と言われましたが、うちの両親だったら絶対に怒ったはずです。手が出ることはめったにありませんでしたが、怒鳴られるのは当たり前で、ひどいときはげんこつを食らうこともありました」

次第に金山さんは、子どもたちとの関わり方に悩み始める。「夫と子どもたちが関わるときは、子どもたちが泣くことはないのに、自分が関わると子どもたちを泣かせてしまう」「なんで私はこんなに上手くできないんだろう？」と自分を責める。それを見かねた夫は、「君が子どもたちを甘えさせられないなら、自分が代わりに甘えさせてやるから大丈夫」と言ってくれた。逆に叱るべき場面でも、金山さんだと怒りすぎたり、冷静に叱れないことが多かったため、夫がいるときは交代してもらうようにした。

関節リウマチと橋本病

90代になっていた祖母は、２０１１年5月に心臓発作を起こして入院し、手術を受けていた。１ヶ月ほどで退院した祖母は、金山さんの母親が在宅介護をすることになる。

金山さんの実家がある地域は、古くから住民同士のつながりが濃く、祖母が退院して家に戻ってきたという情報は、瞬く間に近所に知れ渡った。金山さんの祖母と母親が犬猿の仲だということを知っていた近所の人たちは、母親が祖母の介護をしっかりやっているか、入れ代わり立ち代わり見に来るようになる。

母親は、金山さんが祖母の見舞いに実家に帰省すると、待ってましたとばかりに金山さんに祖母や父親の愚痴を聞かせた。

「母は私のことを、自分より優しい夫を持った娘、仕事をしていなくても夫や義父に許されている娘と思っており、嫉妬攻撃もしんどかったです。自分を棚に上げて、『掃除や片付けができないあんたはダメな嫁だ』『母親失格だ』などと言って貶《おとし》めて、私が体調不良なときや、片付けが下手な私を気遣って手伝ってくれる夫に対してイライラしていました」

おそらく母親は、近所の人たちに監視されながら祖母の在宅介護をしなくてはならない自分の境遇を呪い、溜まったストレスを金山さんにぶつけていたのだろう。祖母が心臓の手術を受けたのは、親族で話し合って決めたことなのに、帰省する度に、「あんたのせいでおばあさんが長生きして、私が苦労をさせられる」と文句を言われた。

長男が1歳になる年、「そろそろ看護師の仕事を再開しよう」と思って保育園を決め、新しい職場で働き始めた矢先、金山さんは関節の痛みに襲われる。病院を受診したところ、関節リウマチと橋本病を発症していた。

「関節リウマチと橋本病の原因は、まだ完全には解明されていないそうですが、細菌やウイルスの感染、過労やストレス、喫煙、出産や怪我などをきっかけに発症することがあると言われています。発症の原因は複合的だとは思いますが、私の場合、育った環境に関係ないとは言い切れないと思っています」

悪いことは重なる。長男がひどい中耳炎を起こし、入院してしまったのだ。金山さんは看護師に復帰したばかりだったため、職場に「休みたい」と言い出せない。代わりに夫が育休を取り、対応することにした。

「夫に、『俺が育休を取って長男の面倒見るから』と言われたとき、私は『なんで休むの？仕事していてほしいのに！』と言って夫に当たり散らしました。夫は、『病気なんだから無理しなくていいよ、頑張らなくていいよ』と言ってくれたのに、母には関節リウマチや橋本病で体調が悪いことを理解されず、『ダンナに育休取らせるなんて！　男は外で働かせなきゃダメだろう！』と罵倒されるため、自分があまりにも不甲斐なく思えて、素直に夫の優しさを受け取れませんでした……」

夫は、家事と6歳と5歳の子どもたちの世話に加え、中耳炎で入院中の3歳の長男の面会もあり、3ヶ月の育休後、自律神経失調症を患ったが、約3ヶ月後に仕事に復帰。結局金山さんは、看護師の仕事を退職した。

父親の死

そんな2018年3月。69歳の父親にがんが見つかる。すでにステージ4だった。63歳になっていた母親は、祖母の介護と父親の看病のためにしぶしぶ看護師の仕事を辞職。母親は、祖母の介護と父親の看病で溜まった愚痴を聞かせるために、以前にも増して金山さんを呼びつけるように。

「看護師だった私は仕事柄、家族が病気になったことをきっかけに結束が強まる家族をたくさん見てきましたが、我が家の場合は相変わらず両親は夫婦喧嘩ばかりで、母は私の都合お構いなしに呼び出し、私を父との間の緩衝材にしました」

それでも金山さんは、母親からの連絡を無視することも、呼び出しを断ることもできず、車で片道80分の距離を、週2回ほど実家に通った。

「私は子どもたちのことよりも両親のほうが放っておけず、行かずにはいられませんでした。子どもの風邪や、私の関節リウマチと橋本病による体調不良で『行けない』と言うと、『なんて弱いんだ』『誰に似たんだか』『はいはい、来ないのね～』と嫌味や罵倒のオンパレード。母は、私が自分の思う通りに動かないと攻撃的になるので、何を言われるかが怖くて、脅迫的に実家へ通っていました」

このときも金山さんが看護師の道を志した頃と全く同じ、共依存関係が明確にわかる状況だった。実家に行っても行かなくても結局は攻撃される。わかっているのに、行かずにはいられない。まだ子どもたちは、6歳、5歳、3歳と幼いにもかかわらず、子どもたちよりも大の大人である両親を放っておけないのだ。

金山さんの弟は、父親ががんと診断されてから、偶然実家のある県に転勤になった。弟は金山さんが母親を苦手なことを知っており、なるべく母親と関わらず済むように、母親からの届けものを持ってきてくれたり、金山さんの家に訪ねてくるときには子どもたちのために、ケーキやパンなどを買ってくるなど気遣ってくれた。

しかし、金山さんの脅迫的な行動は、父親の病状が悪化し、入院した後も変わらなかった。だんだん金山さんは、父親の病院に行く前日は何もやる気が起こらず、体調を崩しがちになり、布団から起き上がれないことが増え、家事育児は夫に代わってもらうようになっていた。「なんでそんな具合悪くなりながら行くの?」と夫から言われるが、「でも行かないと怒られる! じゃあどうしたらいいの?」と泣き叫び、パニックになる。

2020年春、父親が71歳で亡くなった。

金山さんは自分自身の体調不良の中、父親の葬儀やその後の納骨、法事などで母親と頻繁に関わるうちに、感情の出し方がわからなくなり、喜怒哀楽の表現が上手くできなくなる「感情の平板化（感情鈍麻《どんま》）」がひどくなっていった。

　父親の死後も祖母の介護は続き、金山さんは週1回は片道80分の距離を行き来した。介護でストレスが溜まっている母親は、「おばあさんを私に介護してもらいたかったら〇〇しろ！」と脅迫めいたことまで口にし始めた。金山さんは苦手な母親と対峙《たいじ》するため、精神的にも肉体的にも疲労困憊にもかかわらず、それを自覚できなくなっていた。夫や子どもが待つ自宅に帰ってから夕飯の準備をしていると、子どもが話しかけただけで発狂したように怒鳴り散らしてしまったり、「消えたい！　消えたい！」と泣き叫ぶなどの症状が出現。

　そんな状態でも母親は容赦なく呼びつけ、金山さんが「行けない」と言えば、烈火の如く怒り、親戚や近所の人、祖母の訪問看護師や介護士たちに、あることないこと娘の悪口を言いふらした。

母は毒母、私は？

　八方塞がりの金山さんを救ったのは、やはり夫だった。

　ある日母親が、訪問看護師に、「この子はおばあさんの財産を使い果たしたんだ」と、ありもしないことを吹き込んでいる場面に遭遇。実家から帰った金山さんが、そのことを夫に伝え、「なんで母は私にこんなことばかりするのかわかる？」と聞いた。すると、「自分を守るためでしょ」と一言。「自分が保てないから、娘を下げて、自分を保とうとしてるんじゃないの？」。

　金山さんははっとした。「母は、事実をねじ曲げてでも娘を悪者にしないと、良い嫁、良い母でいられなかったのだ」と悟った瞬間だった。

　それからだった。これまで自分は母親から愛されず、父親からの愛情も薄く育ったと思っていたが、「自分にとっては祖母が本当の養育者で、祖母から愛されて育った」ことにも気が付いた。「母は毒母。自己愛母で、私はかわいそうな子どもだった」と自分で認められると、「自分の子どもたちを自分のようにはさせない」と思えて、これまで自分では上手く子どもと関わることができなくて夫に代わってもらっていた場面でも、母親として子どもたちの欲求に応えられるように、前向きに努力できるようになっていった。

「少し前までは、私も母と同じで、気分で態度を変えるひどい親でした。タイミング良くコロナ禍になったので、母と会わない期間を増やし、だいぶメンタルが回復してきていますが、まだまだ40年余り受けてきた毒を思うと、全然足りないようです。実家に行かないと、母に刺されるのではないかと思えてきて、怖くて怖くて……。『言うこと聞かないと、どうなるかわかるよな？』と言われたわけではないのですが、幼い頃からマインドコントロールされている感じです。母とは縁を切りたいですが、田舎なので親族や近所からの圧があるのと、弟と叔父（母親の弟）に迷惑をかけてしまうのではないかと思い、距離を取りつつ関係を保っています」

夫はかなり前から金山さんと母親の共依存に気付き、密かに共依存の勉強を進め、金山さんが「自分で気付くのを待っていた」と言った。金山さんが母親との共依存を認め、やめる努力をしてくれない場合は、実家に通えない場所への引っ越しも考えていたという。

祖母の死

２０１９年５月。夫の勧めで精神科を受診すると、金山さんはＡＤＨＤと広汎性発達障害と診断された。

「成人してから、自分にも両親にもいろいろ思い当たることがあり、『私は発達障害かもしれない』と思っていました。夫から指摘されるのは嫌でしたが、診断されて、受け入れてしまった後は、あまり気にならなくなりました。私は人より仕事を覚えたり慣れたりするまでに時間がかかるので、頑張りすぎて疲れたり、ストレスが溜まったりしていたのだと思います」

先に夫が読んでいた共依存に関する書籍などを読み漁り、母親が「自己愛性パーソナリティ障害」ではないかと思い至った。自分も母親のようになっていたことに気付いた金山さんは、主治医や心理士に相談し、自分と向き合うために、月１でカウンセリングに通い始めた。

父親の死からしばらく経った後、金山さんは弟に「うちの両親って性格悪かったよね？」と問いかけると、「姉ちゃん今頃気付いたの？　だから俺はリビングに行かなかったんだよ」と言われ、「私は家族の仲を取り持とうと思って頑張ってたのに……」と愕然とした。

２０２１年９月には、98歳になっていた祖母が、心不全で亡くなった。

「私は高校生の頃まで、母の悪口を父と一緒に言っていた祖母があまり好きではありませんでした。『母のほうがいじめられている』『母の味方にならなきゃ』と思っていたのです。嫁である母がだらしがなく、言うことを聞かない分、幼い私への躾けが厳しくなったようにも思いますが、私も家庭を持ち、片付けが苦手で家事も不器用ですが、祖母のおかげで料理だけは、子どもを育てるのに困らないくらいできています」

意外にも金山さんは、子どもの頃は祖母が好きではなかった。子どもにとって母親の存在は、それほど大きく、唯一無二であるということだろう。

実家を出てからも祖母は、「ここがお前の実家だから、いつでも帰ってきて良いんだよ」と優しく声を掛けてくれ、亡くなる前は、「3人の子育ても家事も、よく頑張ってやってるな」と労《ねぎら》ってくれた。

「夫のおかげで、祖母に愛されて育ったことに気付くことができました。夫には救われてばかりです。夫に話を聞いてもらって、やっと自分を〝かわいそうな子どもだった〟と肯定できました。夫がいなければ、いつまでも共依存に苦しんでいたかと思うと、本当に怖いです」

連鎖を断ち切るために

金山さんは現在、自治体が運営する親子向けの相談室に通っている。金山さんが暮らす市が運営する相談室は、家庭や保育・学校での子どもの行動面の心配、育児の不安などについて児童心理士や保健師が相談を受けてくれるほか、必要に応じて嘱託医の相談や、医療機関への情報提供も行っている。

「自分が毒親育ちだったと知り、自分が子どもたちにしていたことがひどいことだったと気付いてから、子どもたちとの関わり方を見直しました。月に1度相談室を利用し、自分の子育てが間違っていないか確認しながら子育てに向き合っています。それでも、突発的に子どもに怒りすぎてしまうことはどうしてもあるので、そんなときは反省して、子どもに謝るようにしています」

　金山さんの母親は50代の頃、ケアマネジャーの資格を取得し、最終的には管理職を任せられていた。結婚前は、准看護師として働きながら正看護師の資格を取るため、夜間学校に通っていた。おそらく母親は、人一倍負けず嫌いで努力家だったのだろう。

　しかし結婚後、義父母と同居することになり、家事ができないことを責められ、子どもができた後は、育児が上手くできないことをなじられた。金山さんは、生まれてすぐに黄疸《おうだん》が出て、しばらく保育器に入っていた。昼も夜もよく泣いて、「育てにくい子だったのかもしれない」と金山さんは言う。金山さんは大人になってから母親に母子手帳を見せてもらった。そこからは母親が一生懸命子育てに向き合っていた様子が浮かび上がる。

　どんなに努力しても、祖母の家事・育児能力に遠く及ばない自分。家事・育児に向き合うことに耐えられなくなった母親は、仕事に拠り所を求めたのかもしれない。金山さんが幼い頃、泣くと母親から怒鳴られたのは、父親や祖父から「泣き止ませろ！」と言われるのが、まるで「お前は子どもを泣き止ませることもできないのか、母親失格だ！」と言われているようで辛かったからではないだろうか。

私も娘がまだ赤子の頃、娘を連れて外出するときは、娘が泣かないように細心の注意を払ったものだ。今思うと赤子の泣き声なんて、幼児の泣き声と比べたらそよ風のようなものだが、当時の私は、娘が泣くと異常なまでに周囲を気にし、「早く泣き止ませなくては！」と焦った。まさに、「お前は子どもを泣き止ませることもできないのか、母親失格だ！」と周囲の人に思われているような気がして、勝手に気をもんでいた。思うに、間隔をあけずに2人、3人産んだ経産婦でない限り、母親の多くは、赤子が泣くことに恐怖心に似た感覚を持つのではないだろうか。

日本産婦人科医会によると、赤子が泣くことに恐怖心に似た感覚を持つ母親は30～50％にのぼり、ふいに涙が止まらなくなる、イライラする、落ち込む、情緒が不安定になる、不眠になる、集中力がなくなる、焦るような気分になるなどの症状を、「マタニティブルーズ」と呼ぶという。

私は夫と娘だけの核家族なので外出のときだけのことだったが、金山さんの母親のように同居家族から子どもが泣く度に責められ続ければ、「マタニティブルーズ」の症状が悪化する可能性は高い。

また、金山さんの実家がある地域は、昔ながらの風習やしがらみが残る、閉鎖的な田舎だった。そのため、家の中だけでなく、外でさえも常に批判的な目にさらされているとしたら、逃げ出したくなる気持ちも理解できる。

だからといって、金山さんの母親が自分を保つために、娘を〝見下していい存在〟とし続けて良い理由にはならない。

「もしも母に介護が必要になっても、私にはもう、母を看るのは無理だと思います。たまに母親らしいことを言うこともありますが、母の言動のほとんどは私を恐怖でコントロールするためのものだったと気付いてからは、母のことを口にするのも嫌になりました」

最近金山さんは、通院する心療内科のカウンセラーからアドバイスを受け、母親からの電話を着信拒否設定にしたという。

「旦木さんにお会いして、私自身、勇気が出たんです。結局、着信拒否にしても、ＬＩＮＥはブロックしてなかったので、ＬＩＮＥメッセージが来てしまい、やむなく着信拒否設定は解除しました。母はいつものように電話口で騒ぎ立てていましたが、不思議と『こんなものか』と思えました。今までは、『母から何を言われるだろう？ どんなに傷つけられるだろう?』という恐怖心が強かったのですが、今回は自分で決めたことだからなのか、あまり恐怖は感じませんでした。もしかしたら敵は、恐怖を作り出す自分自身なのかも知れませんね……」

毒親に育てられた子どもは、自分も毒親になってしまうケースが少なくない。毒親にならない対策として、子どもとの関係ばかりに目が行きがちだが、まずは自分自身や親との過去から現在と向き合い、親との適切な距離を取り、共依存を断ち切ることだ。

第四章

精神不安定な毒母の呪縛と別離

「『母もきっとこんな気持ちで不貞腐れては、私が謝るのを待っていたのだ』と想像し、『あんたは我慢が足りない！』なんて母と同じことを言い、同じことをしている自分に嫌気がさしました」

子どもが親に「認められたい」と思うことは自然なことだ。子どもは親から褒められ、認められたと感じることで、さらに「頑張ろう」と思い、自己肯定感が育っていく。しかし、どんなに頑張っても、貶《けな》されるばかりだったらどうなるか?

第四章では、高校２年生のときから若年性パーキンソン病の母親を介護し、40代で看取った、現在50代の女性の事例を紹介する。２度の離婚を経験し、苦労して育てた息子が自分の思い通りにならなかったとき、毒母だと思っていた自分の母親と同じことを言い、同じことをしている自分に愕然とした。

北海道在住の田中文子さん（仮名・50代）との出会いは、３年前の２０２０年の秋。東洋経済オンラインで、『子育てと介護　ダブルケアの現実（リアル）』という連載をしていた頃、インターネット経由で出会った。

田中さんのＳＮＳのプロフィールには、「パーキンソン病という難病の母を32年間介護してきました。いわゆる母は毒親でしたが、その母を最期まで看取り、送り出しました」とあり、田中さん自身のものと思しき新緑をバックにした笑顔の写真は、とても明るく爽やか。

連絡すると、取材を快諾してくれた。

翌年春。NHKの『クローズアップ現代プラス』のディレクターから突然連絡が入った。ディレクターは、私の介護の記事を読んで連絡したと話し、「毒親を介護している人を知っていたら紹介してほしい」という。私は田中さんを含め、数人を紹介した。

そして今回、『毒母』をテーマとした書籍を執筆するにあたり、最初に頭に浮かんだのが田中さんだった。久しぶりに連絡をすると、「思い出してくださり、ありがとうございます」と、やはり取材を快諾してくれた。

男尊女卑な父親と精神不安定な母親

田中さんの父親は、北海道の田舎の貧しい漁師の家庭で11人きょうだいの9番目に生まれ育ち、高校を出て市営バスの運転手となった。一方母親は、東北地方で10人きょうだいの5番目として生まれた。母方の祖母が裕福な家の長女だったため、母方の祖父は婿養子だった。しかし、太平洋戦争が始まると急激に家は貧しくなり、きょうだいの中で田中さんの母親だけ、20歳になった途端、北海道へ出稼ぎに行かされる。住み込みで旅館の仲居をしていた母親は、25歳くらいの頃に知人の紹介で父親とお見合いすることになり、父親31歳、母親27歳で結婚。父親の実家で義両親とともに生活を始めた。

それから2年後、第1子が生まれる時期と同じくして、父親はすぐ下の弟（田中さんにとっての叔父）と自動車の修理工場を立ち上げ、母親は経理を手伝うように。その5年後に田中さんが生まれた。

「同居していた父方の祖父母は、私が物心つく前に亡くなっていました。母は祖父母の介護をしながら、父の会社の経理や社員の食事の世話、生まれたばかりの兄の育児をしていたようです」

田中さんが物心ついた頃、すでに両親は不仲だった。暇さえあれば両親は口喧嘩。田中さんと6歳年上の兄は、両親の喧嘩が始まると、必ず後で自分たちにもとばっちりが来るのでうんざりしていた。

夫婦喧嘩の後、母親はいつも、「お父さんは私の言うことを聞かない。いつも仕事ばかりで家に居ない。頑固で、自分が良ければ私のことなんてどうでもいい人。あんな人と一緒になったら苦労するから、絶対にあんな勝手な人と結婚しないように！」などと、父親の愚痴や悪口を田中さんや兄に聞かせ、時には、「お父さんは浮気性だから、浮気相手の女に財産を乗っ取られないように、あんたとお兄ちゃんがしっかりしないと！」と、妄想なのか真実なのかわからないようなことを言われることもあった。

「母は、原因はよくわかりませんが、私が幼い頃から寝たり起きたりを繰り返していて、体が弱いというよりも、精神的に不安定だなと思うことが度々ありました。いつも機嫌が悪くイライラしていて、ヒステリックに私や兄や父に暴言を吐いたり、『お父さんは浮気をしているから帰りが遅いんだ！』とか『あんた、万引きしたんじゃないの？』など、突発的に妄想的なことを口走っていました。母は、父には今まで何人か女性の影があったと言っていましたが、実際はわかりません。私は母の妄想だと思っています」

寝たり起きたりを繰り返す母親を心配して、田中さんは母親の家事を手伝うようになっていった。しかし、兄が自分が食べた夕食の食器を片付けようと立ち上がろうとしようものなら、「お兄ちゃんは男だから家事はしなくていいの！　あんたが早く動かないから、お兄ちゃんが動くでしょう！」と言って田中さんばかり叱った。これは父親も同じで、「男の子に家事をさせるな。お風呂に入るのは男から。女の子は男の人の言うことを聞いていればいいんだ」と口癖のように言っていた。

また、田中さんは幼い頃から、着る服や持ち物、髪型まで、すべて母親に決められていた。欲しい服や髪型の希望を母親に言うと、「あんたは可愛くないんだからダメ！　お母さんの決めた服や髪型にしてたらいいの！」と一蹴された。

「小学校４年生くらいまで母が髪を切ってくれていたのですが、ある日、カットを失敗され、『あら、似合わないね～！』と笑われたのを覚えています。しばらく学校へ行くのが嫌で、『休みたい』と言ったのですが、有無を言わさず『行きなさい！』と怒鳴られて、取り付く島もありませんでした」

外出を嫌う母親は、「家族で出かけよう」というときでも、１人で留守番を選んだ。そのため、いつも外出は、父親と兄と３人で、日帰りで近場に行く程度。唯一記憶に残る家族４人の楽しかった思い出は、田中さんが５歳のときに、日帰りで温泉に行ったことだけだった。

「みったくない子」

体の成長が早かった田中さんは、小学校４年生で初潮を迎えた。最近は、子どもの第二次性徴が全体的に早くなったため、月経の授業を小学校４年生までに行う学校も増えているようだが、30～40年前の小学校では、多くが５年生時。当時全く知識がなかった田中さんは、誰にも言えず何日も悩み、ようやく意を決して母親に話す。すると母親は、「生理になったんだ～」と言っていやらしく笑う。田中さんはなぜ笑われたのかわからないうえに、気持ちの悪さを感じた。

その後母親は、自分が使っていた生理用ショーツとナプキンを田中さんに渡したが、母親のお古のショーツはすでによれよれで生地が傷んでいたため、何回か使うと穴が開いてしまった。それを母親に伝えると、「まだあるから買う必要ない」と言ってまた自分のお古を渡す。やっと田中さん専用の真新しい生理用ショーツを買ってもらえたのは、母親のショーツをすべてはきつぶした後、小学校5年生になってからだった。

「買ってもらえたと言っても、お金を渡され、他にいくらでも下着を売っているところはあるのに、『近所の洋品店に、1人で買いに行って来なさい！』と指定されたのです。その店の店員が男の人だったので、たまらなく恥ずかしかったのを今でも忘れません」

初潮を迎えた田中さんは、まもなく胸も出てきた。だが、生理用ショーツの一件もあり、母親に「ブラを買って」とは言えない。そんなときクラスの担任の教師が、成長が早い女子たちを集め、ブラジャーの必要性や第二次性徴のことをわかりやすく説明してくれた。その後、田中さんは個別に、「そろそろブラジャーを買ってもらったほうがいいかもね」と言われた。

それでも母親に相談できなかった田中さんは、何ヶ月かお小遣いを貯め、当時できたばかりのスーパーにある下着売り場の店員が女性であることを確認すると、そこでこっそりブラを買った。

しかし母親にバレるのは時間の問題だ。見慣れないブラをしている娘に気付いた母親は激怒。田中さんが、「担任の先生に言われた」と弁解すると、「余計なこと言って！」と教師の悪口を言いながらも、今度はすぐにお金を渡し、「洗い替えに1枚買ってきなさい！　柄がついているものや、不良みたいな色やデザインはダメだから！　真っ白な物を買ってきなさいね。スーパーの衣類コーナーは不良が着る服しかないからダメ！　生理用ショーツを買ったあの洋品店で買って来なさい！」と細かく指図した。

田中さんは成長するに従い、「うちのお母さんはみんなのお母さんと違うのではないか？」と感じ始めていた。

母親は父親と喧嘩した後など、精神的に不安定になると、不機嫌を撒き散らし、「あんたなんか本当は産みたくなかったんだ！」「みったくない子（北海度弁で可愛くない）！」「お母さんの言う通りに生きていたら間違いないの！」などと、自己肯定感をそぐような言葉や態度を延々と続ける。だからだろうか。田中さんが小学校5～6年生のときの担任の教師は、三者面談のとき、学校での田中さんの良いところを数え切れないほど母親に挙げてくれた。

にもかかわらず母親は、「うちではわがままで手の付けられない子です。お兄ちゃんのほうが良い子です」と即答。驚いた担任は、「娘さんはとっても良い子で、優しい子ですよ。もっと褒めてあげてください」と言ってくれた。しかし母親は、学校を出た後からみるみる機嫌が悪くなり、家に着くなり担任の悪口を言い始め、田中さんが話しかけても無視。夜になって父親が帰宅すると、「あの先生、私のことを馬鹿にしてるわ！」と憤慨し、あることないこと父親に吹き込む母親の声が聞こえてきた。

「おそらく、母のプライドが傷つけられたのでしょう。当時母は周囲に、私が不良でわがままな娘で、自分はそれに疲れている……というようなことを吹聴して回っているのを何度も聞いたことがあります」

　私の現在小6の娘は、生まれたときは未熟児で、その後もずっと成長曲線のギリギリ範囲外を低空飛行し続けていた。母乳を卒業後も少食で食べるのが遅く、ガリガリで背の順はいつも一番前。だが最近急によく食べるようになり、身長がぐんと伸び、嬉しく思っている。母親なら、娘が褒められることや、成長していく姿を喜ばしく感じるはずだと思うのだが、不思議なことに、私はこれまで多くの毒母を持つ娘に取材してきたが、娘が褒められることや成長することを喜ばない毒母は少なくない。その理由を私は、意識的か否かにかかわらず、娘をライバル視しているからではないかと考えている。自分は衰えていく一方なのに、活《い》き活《い》きと成長していく娘を目の当たりにして、面白くないのではないだろうか。そう考えると、担任の先生に褒められているのに喜ばないばかりか、不機嫌になる田中さんの母親の心理も説明できる。

母親の発病

田中さんが高校2年生の秋のこと。父親の会社の経理を任されていた母親が、いつものようにそろばんをはじいていると、時折「手に力が入らない」と言うようになり、ボールペンを持つ手も震えることから、父親は脳の疾患を疑う。

病院へ連れて行くと、母親は若年性パーキンソン病と診断される。パーキンソン病とは、振戦《しんせん》（ふるえ）、動作緩慢、筋強剛《きんきょうごう》（筋固縮）、姿勢保持障害（転びやすいこと）を主な運動症状とする病気で、50歳以上で起こることが多い病気だ。まれに40歳以下で起こる場合もあり、若年性パーキンソン病と呼ぶ。母親はまだ50歳になったばかりだったので、〝若年性〟と診断されたのだろう。

父親は帰宅するなり、「お前がお母さんの面倒を見るんだよ」と、田中さんに言った。言われた瞬間、田中さんは目の前が真っ暗になった。

「自分の将来は、母の介護ありきで考えなければならないのだと思うと、絶望的な気持ちになりました。親子の縁を切ってもいいと思うほど母のことが大嫌いだったので、『母の面倒なんて見たくない！』と言って逃げ出したい気持ちでいっぱいでした。兄はもう、母からの束縛にうんざりし、家を出て関東の大学に進学していたので、兄だけ家を出る許可を出した両親を心底恨みました」

当時はまだ、田中さんには学校があり、母親は細かい作業以外は自分でできていたため、あくまでも母親の主介護者は父親で、田中さんは、母親の調子が悪いときや父親の仕事が忙しいときに家事をしたり、母親をトイレへ連れて行くなどのサポートに回った。

しかし、母親のことが大嫌いだった田中さんは、母親の待つ家に足が向かず、わざと学校の図書館などで時間をつぶし、帰宅時間を遅くした。すると母親は「帰ってくるのが遅い！」と言って怒り狂い、体調が悪化。精神的に不安定になると、これみよがしに自殺未遂を繰り返すため、目が離せない時期もあった。

「いずれも未遂ですが、電気コードを首にぐるぐる巻きにして首を絞めようとしたり、ハサミを喉に突きつけようとするんです。症状がうつっぽくなってくると、私の姿をなめるようにジロジロ見て、延々と私の外見や性格の欠点をあげつらい、気に入らないことがあると、『あんたのせいで私はパーキンソン病になったんだ！』などと言いました。介護をすることよりも、母に罵られ続けることのほうがよっぽど辛いと思いました」

母親と口論になると、必ずと言っていいほど、『あんたのせいで私は病気になった！』『あんたなんか産む予定じゃなかった！』などと暴言を吐いては、何日も無視し、食事を用意してもらえない。

古い考え方をする父親だが、もともと父親と田中さんとの仲は悪くなかった。しかし、仕事が忙しくて家にあまりいなかった父親は、田中さんが幼い頃から、母親が田中さんを執拗に罵倒する場面に出くわしたことがなかった。そのうえ母親が、「あの子が私に暴言を吐いて来る！」と、ありもしないことを父親に告げ口するため、田中さんと母親が口論になると父親は、「パーキンソン病と診断された母親＝弱い者」という思い込みから、無条件で母親を擁護し、母親と一緒になって田中さんを責めるようになった。

「私が少しでも母に口答えをしたり反抗的な態度を取ると、父はいつも『お母さんに謝りなさい！　お前が悪い』『病気が悪化するからお母さんに心配をかけるなよ！』『親をそんな風に言うもんじゃない！』と怒るだけで、私がどんなに弁解しても、全く聞く耳を持ってくれませんでした。私が母に対してひどいことを言って、母を苦しめていると決めつけていたのです」

田中さんはいつしか、父親に理解してもらおうと努力するのをやめてしまった。

浪人と退学

田中さんは高校2年生の秋、ある大学の経済学部に行きたいこと、家を出て1人暮らしをしたいことを母親に打ち明けた。すると、以前から田中さんに看護師か栄養士、薬剤師になってほしいと思っていた母親は激怒。それ以外の道は絶対に認めなかった。

母親は何日も田中さんを無視し、食事も作らない日が続く。母親が父親に、「あの子はわがままで手に負えない！」と言いつけ、父親が田中さんと話をする場をもうけると、田中さんは父親に何度も頼み込んだ。1年ほどかけて頼み込んだところでようやく父親が折れ、母親を説得してくれた。

「もともと父は言うことがコロコロ変わり、『そんなこと言ってない』『そういう風には言ってない』などと、自分が言ったことを平気で覆す人でした。自分のそのときの気持ち次第で言うことが変わる人なので、説得できたらすぐに行動しないと、また同じことを繰り返すので面倒くさいのです」

ところが田中さんは受験に失敗。浪人が決まると両親は、「お前は人生を無駄に過ごしている」「女が浪人なんて恥ずかしい」と口々に罵倒。翌年、無事に合格すると、「浪人して無駄金使ったんだから、合格して当たり前」と嘲笑した。

「兄が優秀だったこともあり、『お兄ちゃんはできるのに、あんたは塾や通信教育までやっていてこの成績か?』と言われ続けました。私の成績は中学校の頃、クラスで5番以内、学年でも50番以内には入っていて、決して悪かったわけではありません。兄が学年でもいつも10番以内に入っていたので、私は頭が悪い娘として扱われていたのです」

しかし、そんな思いまでして入学した大学を、田中さんは1年で退学する。もともと、「母のために介護技術や知識を身につけたい」と思っていた田中さんは、浪人時代に福祉の道を志している友人ができ、その友人と話しているうちに、福祉の世界に魅力を感じるようになっていた。また、母親の付き添いで病院を受診していると、ソーシャルワーカーの仕事ぶりに目が行くようになり、「ソーシャルワーカーになりたい」という思いが強くなっていた。さらに、両親が常々、「看護師か薬剤師、栄養士になって病院で働け」と言っていたため、「ソーシャルワーカーになって病院に勤務すれば、両親は自分を認めてくれるかもしれない」と思ったのだ。

「昔は保育士の資格で介護や障害の分野で働くことができ、経験を積んだ後、ソーシャルワーカーにステップアップすることができました。そのため、まずは保育士の資格を取り、卒業後は介護施設や障害者施設で働きたいと考えていました」

田中さんは、意を決して退学したいことを両親に打ち明けたが、当然ながら、「2浪したことになる！」「看護師や薬剤師なら許すが、それ以外はダメだ！」と猛反対。田中さんは、保育士と介護士の資格が取れる短大の中でも、敢えて実家から通えない遠方の短大を希望したが、火に油だった。両親は、「退学なんて許さない！」「家から通える学校じゃないと学費は出さない！」と激怒して耳を貸さない。

「すぐに母は喧嘩腰になり、途中で口をきいてくれなくなるか、『あんたがそういう考えなら私は死んだほうがまし！　わがままな不良娘の母親になりたくない！』などと訳のわからないことを言い始めるので、まともに話し合えませんでした」

そこで父親を説得しようと試みるが、数ヶ月かかっても父親は首を縦に振らない。そこで田中さんは、兄が帰省しているときに相談。田中さんの生き方を理解してくれた兄は、テコでも動きそうになかった両親の説得に成功。しぶしぶながらも両親は、「母親の介護は続けること」「卒業後は実家へ戻ること」を条件に、短大進学と1人暮らしを許してくれた。

実家から車で2時間ほどのところで1人暮らしをし始めた田中さんは、夏や冬、春の長い休みには必ず実家に帰省し、母親の介護に勤《いそ》しんだ。その頃の母親は、自分のことは自分ででき、日常生活は送れていたが、体調に波があり、体調が良くないときは寝たきりになってしまう。せん妄などの精神症状がひどく、転倒などにより怪我をすることも多かったため、仕事をしている父親1人では看られず、田中さんが帰るしかなかったのだ。

結婚と出産

短大進学とともに家を出た田中さんは、二度と実家に戻る気はなかった。1年浪人し、大学に1年通った後に短大に入り直したため、22歳で短大を卒業すると、1人暮らしを続けながら保育士として働き始める。両親には「約束が違う！」と騒がれたが、お盆や年末年始の長期休みには、母親の介護のために帰省することで許してもらった。

やがて26歳になると、経済学部時代に知り合い、交際を続けてきた相手にプロポーズされた。

「それ以前も彼氏ができたことはありましたが、いつも両親の目が気になり、学生時代に知り合ったその彼氏と付き合うまでは、まともな交際をしたことがありませんでした。両親に悟られないようにしていても、母は察知能力がすごくて、ちょっと帰りが遅くなると不良呼ばわりされたり、無視されたり、食事を作ってくれなかったりという日が続き、『そんなことにうつつを抜かしているから、お兄ちゃんみたいな成績が取れないんだよ！』とも言われました」

田中さんは両親に、交際相手にプロポーズされたこと、結婚後は相手の生まれ故郷である北関東へ行き、実家で義両親と暮らすということを話した。すると両親は、またしても大反対。母親は、「私はあんたを一生手元に置いて、面倒を見てもらうことが理想なの。別れなさい！　お母さんが相手を見つけてきてあげるから！」と言い、父親は、「パーキンソン病を患っているお母さんの近くに住んで、時々面倒を見に来てほしい」と母親に賛同する。

「このときも、1年ほどかけて説得しました。母が特に反対していて、北海道から出ること、自営の家で同居することに大反対でした。母を説得するために、初めて母を車椅子に乗せて、2人きりで1泊旅行に行き、じっくりと話をしましたが、『あんたの結婚相手は私が決める』『今の人とは別れなさい』の一点張り。結局私が父を説得し、父が母を説得した感じです」

田中さんは、ようやく結婚にこぎつけ、北関東にある夫の実家に移り住んだ。幸せな結婚生活が待っているかと思いきや、非情にも次なる試練が待ち受けていた。

結婚前から、夫の両親がある宗教に入信していることは知っていた。そのため夫とよく話し合い、「結婚しても、私は宗教活動には参加しない」という約束を取り付けていた。それなのに、いざ同居が始まると、義父がその宗教の支部長を務めているという新情報を知らされ、嫁である田中さんにも毎月の集会や修行への参加を強要されたのだ。

そんな中、田中さんは、第1子を妊娠。里帰り出産を決断して実家に帰ると、もともと過干渉だった母親だけでなく、父親までもがいろいろ口出ししてくるようになり、身体的にも精神的にも休まる暇がなかった。

「特に母は、自分がやってきた子育てが間違っていないと信じていたので、例えば、『泣いても抱き癖がつくから絶対に抱っこしちゃダメ！』『保育園には入れず、幼稚園に入園できる年齢になるまで仕事はしてはいけない！』などと言い、さらに、『男の子だったらいい。女の子だったらあちらの家に申し訳ない』などいろいろ好き勝手なことを言われ、ストレスが溜まりました」

だが、里帰り出産を選んだことを、後悔することばかりではなかった。母親は田中さんに陣痛が来たとき、分娩室に行くまでずっと付き添ってくれたため、心細い思いをせずに済んだのだ。とはいえ、母親は田中さんの隣のベッドで叫びながら陣痛に耐える女性にあからさまに嫌な顔をし、ついに「うるさい！」と言ってしまったときは、田中さんはその女性に申し訳ない気持ちでいっぱいになった。

　長男を出産して実家に戻ると、母乳の出が良くなかった田中さんに対して父親は、「お母さんどうしようもないね。悪いお母さんだね。お腹空いてるだろう？　かわいそうに」と笑いながら初孫に話しかける。一方母親は、「栄養失調になったらどうするの？　産婦人科に連絡して！　どうにかしなさい！」とヒステリックになり、産後の田中さんを精神的に追い込んだ。

　私も出産後、母乳の量が少なく、娘の体重がなかなか増えなかったときは、誰に責められたわけでもないが、精神的に追い込まれた。おそらく多くの母親は、母乳の出が悪かったり、上手く子どもをあやせなかったりなど、母親としての不甲斐なさを感じる度に自分自身を責める。そんなときに周囲の人から責め立てられれば、「この先母親としてやっていけるのか」「向いていないのではないか」などと余計に苦しみ、もともとない自信を失いかねない。ましてや産後の女性は、精神的に不安定になりやすい。産後うつの危険もある。田中さん曰く、父親は冗談のつもりで言ったというが、全く笑えないばかりか、母親に至っては、経験者であるはずなのに、娘に配慮のかけらもない。こんな環境で初産の産後を迎えなければならなかった田中さんには、心から同情してしまう。

赤子の世話は体力勝負だ。田中さんは、両親が「母乳が足りないダメな母親だ」「泣いてばかりいて癇癪《かんしゃく》が強い子だ」などと言いたい放題のため、カチンと来て言い争いになってしまうことが多く、体力的にも精神的にもすり減っていった。夫は、「３ヶ月くらいまでゆっくりして来ていいよ」と言ってくれたが、自分のためにも息子のためにも良くないと思った田中さんは、１ヶ月健診を受けると、夫の待つ家に帰った。

借金と浮気

一方、義実家で田中さんは、とても大切にされていた。中でも義母は、出産したばかりの田中さんを気遣い、家事のほとんどをやってくれた。だが、誰も知らない土地での生活は寂しかった。夫は朝早く仕事に行き、夜は21時くらいまで帰って来ないばかりか、土日もいない日が多かった。

結婚後も田中さんは、母親のために夏に２〜３ヶ月帰省していた。実家でやることは家事がほとんどで、母親の調子が悪い日はトイレや着替え介助なども行い、通院日には付き添って、一緒に医師の話を聞いた。

「当時母は妄想や幻聴に悩まされていたので、母のメンタルの支えというか、愚痴や暴言を聞き流すような役割が大きかった気がします」

長男が1歳になると、田中さんはパートで保育士の仕事と、介護士の仕事を掛け持ちでスタート。

「介護の仕事はソーシャルワーカーになるためのステップでしたが、パーキンソン病の母のためにも、介護技術を身につけたくて介護の仕事に就いたという理由もあります。また、介護の仕事に就いて母の介護に活かすことができたら、『両親に認められるのでは？』という思いもありました」

家事は義母がやってくれるとはいえ、保育士も介護士も体力が必要な仕事だ。帰宅すれば、息子の相手もしなければならない。田中さんのバイタリティあふれる様子には、感服する反面、危うさも感じる。

やがて田中さんは次男を妊娠し、出産。長男のときの反省を活かして、里帰り出産はしなかった。

結婚から3年ほど経った頃、田中さんは夫が浮気をしているのではないかと疑い始めていた。しかし2歳の長男は夫が大好きな様子。次男はまだ生まれたばかりだ。「世間体を気にする両親の反対にもあうだろう」と思い、躊躇《ちゅうちょ》しているうちに、年月が流れた。

そして結婚から6年後、１度目の浮気が確定。ラブホテルの領収書が見つかり、田中さんが夫の携帯電話を盗み見したことでわかった。そのうえ、約３００万円の借金まで発覚。夫は「もう二度と借金も浮気もしない」と言い、再構築することに。

しかし翌年、再び夫の浮気と借金が発覚。夫の車の中から、借金の督促状が次から次へと見つかる。風俗店やパチンコなどにも頻繁に通っていた夫は、借金が膨らむと義父に泣きつき、何度か肩代わりしてもらっていたのだ。別れたはずの愛人数人とも何度か会っていたことがわかり、それを田中さんが問い詰めると、「何が悪い?」と逆ギレ。最終的には、子どもの将来ために貯めていた教育資金にも手を出していることや、親戚や会社から次男の出産祝いをもらっていたにもかかわらず「もらっていない」と嘘をつき、使い込んでいたことがわかると、田中さんは「もう無理だ」と思い、6歳と2歳の息子たちを連れて北海道に帰った。

摂食障害やパニック障害を発症

田中さんは実家の向かいのマンションで生活を始めた。離婚したい旨を話すと、両親は案の定、反対。母親は、「お前がわがままだったから夫に借金されたんでしょう！」と田中さんを罵倒し、「私が借金を払うから、離婚はダメ！」と頑な。まだ幼い孫たちに父親は、「わがままでどうしようもないお母さんだね？」と同意を求める。

世間体を気にするあまり、親戚にすら「離婚のことを話さないように！」「親戚の集まりには出なくていい！」と頭ごなしに命令されるだけでなく、特に母親は、勝手に田中さんの義両親や夫に対し、「娘を許してほしい」「迎えに来てやってほしい」と、ストーカーのように連日連絡をするので、夫は携帯番号を変えたほど。父親は、自分の妹（田中さんにとっての叔母）に、「あいつが離婚を思いとどまるよう、説き伏せてほしい」と頼んだらしく、叔母からも連日電話で説得され、時には車で3時間かけてやってきて執拗に離婚に反対される。

義父からは、「息子が借金をしたのは、お前が専業主婦にならず、仕事ばかりして家庭をおろそかにしたからだ！」と責められたが、義母は「息子のせいでこんなことになって……」と何度も謝ってくれた。だが、「信仰心をもっと強く持てば救われる」と言われると絶望を覚えた。田中さんにとって、本当の味方はどこにもいなかった。

田中さんは、夫の浮気と借金が発覚した32歳の頃から、眠れない、食欲がない、不安感が強い、人前に行くのが怖いなどの症状が出ていた。それでも田中さんは、北海道でも保育士として働き始め、北関東で暮らしていた頃と同様、介護施設や障害者施設でも掛け持ちで働くようになった。

ところが、ついに摂食障害を発症。過食と拒食を繰り返し、過食のときは嘔吐ができず、下剤を大量に飲んで出した。拒食のときは水すらも飲めず、脱水症状を起こした。その後うつ症状がひどくなり、自殺願望が現れ始め、パニック障害の発作で2度救急搬送された。「このままではまずい」と思った田中さんは、心療内科を受診。医師は、「物理的に両親から離れなさい」と言ったが、仕事もままならないほど心身ともに弱っていた田中さんは、父親に経済的な援助をしてもらっていたため、離れることができなかった。

そうしたことと並行して、田中さんは、北関東の家庭裁判所で調停を起こした。借金や養育費、親権のことを夫と話し合おうとしたが、当日夫は現れなかった。しばらくすると、会社を経営していた義父が、「長男は初孫の内孫なので、親権が欲しい」と言って来た。すると、それまで頑なに「離婚は認めん!」と言っていた田中さんの両親は激怒。長男を巡って大揉めに揉めて泥沼化し、結局田中さんが離婚できたのは、北海道に帰ってから3年後、36

歳のときだった。

再婚と離婚

無事、長男も次男も親権は田中さんのものとなり、母子3人で慌ただしくも穏やかに暮らし始めてから約2年後、38歳の田中さんは、介護施設の上司で1歳年上の男性と再婚。摂食障害やうつ症状、パニック障害の発作などが現れた田中さんに、心療内科の受診を勧めたのもこの男性だった。男性は田中さんのマンションで一緒に暮らし始めた。

「不思議と、両親は反対しませんでした。私のせいで孫たちを父親のない子にしてしまったことが不憫《ふびん》だったからのようです。孫に父親ができたことを単純に喜んでいました」

「今度こそ幸せな家庭が築けるはず」。そう思っていた田中さんだったが、男性は同居がスタートした途端、豹変。再婚前、11歳の長男と7歳の次男がよく懐いたことから再婚に踏み切った田中さんだったが、長男に対するネグレクトや、田中さんに対するモラルハラスメントが始まる。

気に入らないことがあると、男性は何日も田中さんを無視し続けるのだ。それは田中さんの母親とそっくりだった。また、田中さんが「勤め先を変えたい」と言うと、「どこの世界に40歳近い子持ちの女を雇ってくれる人がいるんだ？　ドブさらいみたいな仕事でもしたらいいだろう？」と嘲《あざけ》り、長男に対しては、「あいつが使ったトイレとか風呂とか気持ち悪くて使えない」などと平気で口にする。たまたま急ぎの用事があって、夜に友人が来たときも、数分玄関先で話していただけで、「あなたの友だちは非常識な人ばかりだねぇ」と嫌味を言ったり、田中さんの摂食障害が完治していないことを知っていながら、「ガリガリに痩せて気持ち悪い」とあからさまに避けたり、パニック発作で救急搬送されると、「こんな病気になったことが職場にばれたら、俺が病気にさせてしまったように思われるじゃないか」と心ない言葉を投げつける。

　再婚後も田中さんは、毎日のように母親の介護をしに実家へ行っていた。この頃母親は、自力ではほとんど動けなくなっており、食事だけでなく、トイレや入浴の介助も必要になっていた。入浴介助は父親が中心にやっていたが、デイサービスに通うようになってからは、デイサービスにお願いするようになった。気難しい母親は、ヘルパーが来ても何もさせないで帰すことが多かったため、その分田中さんがやらなければならないことが増えた。母親は精神的に不安定になると、時間を問わず田中さんを呼び出しては、「子育ての仕方が悪い」「離婚なんてして孫たちがかわいそうだ」「孫たちを虐待しているんじゃないか」など、ある事ない事考えなしに言ってくる。それを田中さんは、母親の気が済むまで聞いた。あまりにもひどいことを言われたときは、さすがに黙って聞いていられず、大喧嘩になることもあった。

　男性は、結婚前から田中さんに病気の母親がいることは知っていたはず。そして、自分も田中さんと同じ介護施設で働いている。にもかかわらず、介護に対する理解が全くないばかりか、仕事や母親の介護で帰宅が遅れると、「俺のことはどうでもいいんだな」などといつまでもネチネチと嫌味を言い、交際していた頃とはまるで別人のようだった。

　日に日に自分に対するモラルハラスメントや長男に対するネグレクトがひどくなり、このままでは自分はもとより、「長男にも次男にも良くない」と思った田中さんは、約3年で逃げるようにマンションを出て、実家から車で15分くらいの場所で息子たちと暮らし始めた。

　男性が離婚に同意しないため、仕方なく田中さんは、離婚調停を起こした。田中さんはこのとき、3年もの間男性から受けてきたモラルハラスメントにより、男性と顔を合わせることができなくなっていたため、別室で離婚調停を受けた。それでも男性は離婚を拒み続け、あろうことか、自分は田中さんから「モラルハラスメントを受けてきた被害者」だと訴えてきた。さらに、実子でもなく、養子縁組もしていない「次男の親権が欲しい」「飼い犬をよこせ」などと言い出し、頑として離婚を受け入れようとしない。

しかし、1年ほど経ったところで、「このまま調停が不成立で終われば裁判になりますが、どうされますか？」と調停員から問われると、男性は、「費用が掛かるなら払えない。離婚に応じます」と答えた。

田中さんが離婚したことを知ると、母親は今度は、「またか」という反応をした後、「あんたの我慢が足りなかった」とだけ言った。父親は離婚に賛成だった。男性は同居後、田中さんに、「俺はあなたのお父さんが嫌いだ」と言い、家が真向かいだったにもかかわらず、父親が実家の雪かきをしていても、一切挨拶も手伝いもせず、あからさまに田中さんの父親を無視していたからだ。

42歳で田中さんは、再びシングルマザーになった。

毒母の最期

それからも田中さんの母親は、仕事中だろうと夜中だろうと関係なく、毎日のように携帯で田中さんを呼び出した。

「母は、シングルマザーになり、家計を支えなければならない娘の事情などお構いなしに、ヘルパーさんや父に頼めないようなことを『今すぐ来てやって！』と私に頼むんです。私が『仕事中だから』と言うと、『わかった！　もう私はあんたに見捨てられたから死ぬから！』と脅してくるので、とうとう私は精神安定剤や睡眠薬が手放せなくなってしまいました」

　母親は父親には遠慮し、ヘルパーにも気分次第で何もさせないことがあったため、田中さんの携帯はいつも鳴りっぱなしだった。

「母は常に、『自分の子どもに謝ったり感謝したりする親がどの世界にいるんだ！　あんたが私の面倒を見るのは当然！』と言っていました。母は父にも、私のことをわがままだとか、子どもたちをちゃんと育ててないとか言っているようで、『お母さんから聞いたぞ！』と、父からも毎日のように説教されていました」

　長男が小学生だったとき、両親が息子たちの前で、「お前たち、こんなお母さんに育てられてかわいそうにね」と言ったことがある。そのときは、「お母さんをそんなに悪く言うな！」と言って長男が怒ってくれたが、それでも田中さんの両親は、「わかったわかった」と笑って言うだけで、それ以降も同じようなことを言い続けた。

　そんなある日、田中さんはダイニングで父親と話している最中に突然泣き叫び、キッチンにあるものを壊すなどして大暴れした後、包丁を持って父親の前に立ちはだかった。

「父は、母の介護や子育て、夫によるＤＶや離婚調停、シングルマザーになったことへのプレッシャーなどから私がうつや摂食障害などになったことを知ったうえで、『気持ちの問題だ！　今の若いもんは弱くてどうしようもないな、ちゃんとしろ！』と笑いながら言ったのです。私が幼少期から母との関係性に悩んで苦しんできたことを訴えても、『お母さんのことを悪く言うな！　お前がわがままばかり言ってお母さんを困らせているからだろう！』と全く取り合ってくれませんでした。さらに、次男が発達障害のグレーだったのですが、それに対しても、『自分の子を障害児扱いするな！』とすべて否定して、私のことを全く理解しようとしてくれないことに我慢ができなくなったのです」

　田中さんは、「父の目の前で死んでやろう。父が今言ったことを、私が死ぬことで一生後悔させてやろう」と思い、包丁を自分に突きつけた。

　すると父親は、今まで田中さんが母親から受けてきた仕打ちの数々や、「心の病はお前の気持ちが弱いからだ！　もっとしっかりしろ！」などと田中さんを否定し続けてきた自分の言動、うつになるまで追い込んでしまったことを泣きながら謝った。

「ようやく父は、私のことを理解してくれたのだと思いました。このときから、身内に味方がいるという心強さや安心感が芽生え、母の介護を前向きに行うことができるようになりました。これがなかったら、多分今、私はこの世にいなかったと思います」

母親は２０１７年12月末、特養に入所。その後病状が悪化し、入院してから療養型施設に移り、２０１９年１月末に誤嚥《ごえん》性肺炎で亡くなった。81歳だった。

「母が亡くなったときは、悲しみもありましたが、正直ちょっとほっとしました。仕事と子育てをしながらの介護は相当辛かったので、『早くこの状況から抜け出したい』と常に思っていました。母は、私が介護している最中もじっと私を見て、私にダメ出しを始めます。２度の離婚や子育てなど、とにかく毎日必ず文句を言い説教をするのです。体力的な介護よりも、精神的に母に振り回されて逃げ場がない状況が、死にたいと思うほど辛かったです」

田中さんは、一時はたばこや酒にもおぼれた。

「母とは何度も言い争いをしましたが、自分が不利になると『もう私は死ぬ！』と死をほのめかし、私が折れるのを待つのです。『早く死んでくれないか』と思ったことは数え切れません」

母親は晩年、言葉が話せなくなると、田中さんに対して手を合わせて「ありがとう」とも「ごめんなさい」ともつかないようなジェスチャーをすることが度々あったという。

「多分、『ありがとう』だったのかなと。あの母なので、謝罪は絶対にないと思っています。

母は今まで『ありがとう』なんて言ったこともなかったので、何だか嬉しいと思うよりは、『なんで今さら?』という気持ちでした。そして、『どうせ本心ではないだろう』と変な受け取り方をして、冷めた自分がいました」

母親の死後、母親がつけていた日記が見つかったが、それを見た田中さんは唖然。「あの子に母親の資格はない」とか、「私が病気でなかったら、孫たちをまともに育てられたのに」など、田中さんに対する悪口ばかりだったのだ。

何をしても褒められないどころか、ダメ出しばかりする相手と長年接していたら、人は誰しも精神を病むのではないだろうか。類にもれず、うつや摂食障害、パニック障害を発症した田中さんだが、2度目の離婚をした後、再びうつが悪化。心療内科を受診すると、医師とカウンセラーは、「あなたが育ってきた環境は明らかにネグレクトだ」と言い、「両親との関係を、物理的に絶ったほうが良い」とアドバイスされたが、最後まで母親を見捨てることはできなかった。

向き合っても辛く、逃げることもできない八方塞がりの状況の中、田中さんに救いの手を差し伸べてくれたのは、仕事で知り合い、田中さん同様、高齢の母親を介護する女性だった。田中さんに弁護士や相談員を紹介してくれたのも彼女だ。「自分を理解してくれる人がいる」

つ回復した。

「味方がいる」という安心感を得た田中さんは、うつや摂食障害、パニック障害から少しずつ回復した。

毒父かもしれない

現在父親は90歳。昨年末に車で自損事故を起こし、大怪我をして入院している。田中さんや兄が再三免許返納を促していたにもかかわらず、一切言うことを聞かなかった。他人を巻き添えにしなかったのがせめてもの救いだ。

「自業自得と思っています。医師や警察に説得してもらってもダメでした。今は返納するつもりで、免許証は私が預かっています。今のところは父も『返納する』と言っていますが、またいつものように退院して普通の生活に戻ると、『返納しなければよかった』『たまに運転する程度なら大丈夫だ』と言い始めることが目に見えています」

父親は、22年前から糖尿病と心筋梗塞で通院しているほか、17年前に前立腺がんを患い、手術や治療を受け、経過観察中。ここ数年で認知機能が著しく低下してきており、今は要介護1だ。

小さな車の修理工場を経営していた父親は、80歳くらいまで働いていた。工場はその後、地方で教育関係の仕事に従事する田中さんの兄が引き継ぎ、月に１回、工場の経理関係の仕事のために帰省している。

「大学進学を機に早々に家を出た兄からは、『両親の支配に耐えられなかった』と、母が亡くなる４年前に打ち明けられました。家を出てから全く連絡もよこさない時期があり、薄々私も、『家が嫌なんだろうな』とは思っていました」

しかし両親が帰省を強要したため、しぶしぶ年に１回程度は帰省していた。

兄の結婚も、一筋縄には行かなかった。特に母親は兄の見合い相手を見つけるのに必死で、パーキンソン病の治療で通っていた病院や調剤薬局で、顔見知りになった職員が独身かどうかを聞き出しては、兄の写真を見せて回っていたのだ。それを兄が知ると、「そんな恥ずかしいこと、すぐにやめてくれ！」と激怒したが、言うことを聞く母親ではない。その後、兄が「結婚したい」と言って相手を連れてきたときは、「11歳年下なんて年が離れすぎ！」などと理由をつけて、なんとか別れさせようとした。

ここ数年で、兄と接する機会が増え、田中さんが味わってきた辛い記憶や過去の経験を話すことができたとき、兄は、「苦労かけたね」「すまなかったね」と心から詫びた。

現在入院中の父親はもう、１人暮らしはできないと判断し、施設に入所させる予定だ。しかし、父自身は拒否している。それでも兄は、「もうお母さんのときのような苦労はしなくていい。俺がお父さんを説得するから」と言ってくれている。昔は、「実家のことには一切関わりたくない」と頑なになっていたことを、何度も謝罪してくれた。

「母は亡くなるまで。父は今も、私が離婚したことを責め、私の長男が大学進学しなかったこと、次男の発達障害のことなどを、『お前の育て方が悪いからだろう！』となじられ続けています。もともとの性格だと思うのですが、父はその場は認めたり謝罪したり反省したりしますが、時間が経つと覆し、結局何もなかったことにしてしまいます。私が包丁を持ち出した事件もなかったことにされていて、『言ってない』『思ってない』『お前がそう俺を説得したんだろう』と、人のせいにするのも定番です」

　田中さんが包丁を持ち出したとき、父親が自分の言動を泣きながら謝罪したことも、母親の死後、いつしかなかったことにされてしまった。田中さんは40代になってから、『母が重い！』という書籍に出会って初めて、「私の母は毒母だったんだ」と気付かされたと話すが、父親も十分毒父かもしれない。

「私にとっては父よりも母のほうがあまりにも強烈で、父は仕事でたまにしか家に居なかったのでわかりませんでしたし、小さい頃は母から守ってくれるというイメージがあったので、好きでした。でも成長するに従い、特に小学校3年生くらいからは、父のワンマンさに嫌気がさして、ろくに口をきかなくなりました。高齢になるにつれて、もともと持っていた特性が強烈に出てきた感じです。相手の気持ちを考えず、平気で相手を傷つける言葉を笑いながら言うのですが、父にとっては冗談のつもりのようですし、自分が納得できないことはたとえ相手が医師や警察でも聞き入れないとか、コミュニケーションに関しては結構難ありです。よく50年間も従業員のいる会社を経営できたなと思います。一緒に経営していた叔父も父と同じような性格で、喧嘩しては仲直りの繰り返しでした」

母親は結婚後、義実家で暮らし、すぐに息子を出産。その頃父親は車の修理工場を立ち上げ、母親はその手伝いをしながら育児をした。無論、父親が育児を手伝うことはない。やがて義両親に介護が必要になると、介護と育児のダブルケア状態に陥ったうえ、夫の会社の経理や従業員の世話、家事に追われる。母親は自身が持っていた特性もあったのだろうが、そこに夫の性格の難が加われば、母親が精神的に追い詰められないほうがおかしい。しかも、田中さんが知る限り、母親は自分の両親やきょうだいと折り合いが悪く、友だちも1人もいない。

「母はよく、『お父さんは勝手なことばかり言って、さっき言ったことと違うことを言うから憎たらしい！』と言っていました。私も兄も母も、みんな父に振り回されて今に至ります。私は障害者施設で働いた経験から、父はＡＤＨＤではないかと思っています」

　驚いたことに、父親は仕事をしていた頃は、社交的で交友関係が広く、友人が大勢いた。父親が友だちと釣りや同窓会、旅行などに行くと、その度に母親は不機嫌になり、田中さんや兄にイライラをぶつけていたようだ。

連鎖する毒に打ち勝つ

田中さんの長男は現在、福祉関係の仕事に就いており、次男は大学生。２人とも田中さんと同居しており、関係は良好だ。しかしここまで育てる中で、田中さん自身が、「母親とそっくりだ！」と愕然とし、猛省したことがあったという。

　野球が好きだった長男は、小学校中学校時代、野球部に所属し、野球に打ち込んできた。野球の強い高校に入学すると、長男は寮に入って練習に集中する。だが高校2年生のときに、突然「野球をやめたい」「寮を出たい」と打ち明けられた田中さんは、長男が再び野球を続けるように仕向けるために、無理やり説得するうちにヒートアップし、暴言を吐いてしまう。自分の思い通りにならない長男を罵倒したあげく、３～４日長男を無視。５日間、家出までした。

「無視や家出をしたのは、長男に対して、『母親である私はこんなに怒っており、あなたに落胆した』という態度を見せたいという気持ちが一番で、彼が折れてくるのを待つためでした。家出をしたときに、『母もきっとこんな気持ちでいつも不貞腐《ふてくさ》れては、私が謝るのを待っていたのだ』と想像し、『あんたは我慢が足りない！』なんて母と同じことを言い、同じことをしている自分に愕然とし、嫌気がさしました」

あんなに嫌っていた母親と同じことをしていた自分を責め、落ち込んだ田中さんは、「素直に謝ろう」「長男の気持ちを大事にしよう」と思い、自宅に戻ったものの、なかなか実行に移せず、長男を避け続けてしまう。

しかし「これではいけない！」と自分を奮い立たせ、ようやく気持ちを切り替えると、長男と向き合い、長男の思いを受け止め、心から謝ることができた。

「いつも常に、『自分も母のような子育てをしていないか』が気になっていましたし、今も息子たちが私を『毒親と思っていないだろうか』と思うことがあります。保育士や福祉関係で、児童に関わる仕事が長かったので、子どもとの距離感や関わり方は学びましたが、やはり母からの影響は大きいと思います」

先述したように、毒親の多くは子どもに対し、心から謝ることができない。なぜならそれは、子どもを自分の所有物だと思っているからだ。所有物だから、「子どもになんか謝る必要はない」という驕《おご》りと、「子どもだから謝らなくても許してくれるはずだ」という甘えが共存している。このとき田中さんは、毒親化していた。しかしすんでのところで踏み留まり、毒親化を止めることができたのだ。

両親に、特に母親に翻弄された32年間だったが、田中さんは1度目の離婚で北海道に戻ってから、38歳のときに介護福祉士の資格を取得。2度目の離婚後、43歳で相談支援専門員の資格を取り、相談室を開設。現在は、友人が経営する保育事業開発の会社で、社員教育や雇用にまつわる仕事と相談支援専門員を兼務している。

相談支援専門員は、障害者が適切な支援を受けられるようサポートし、障害者やその家族と介護施設をつなぐ仕事を行う。ソーシャルワーカーは、医療・介護・福祉・教育などの様々な業界で相談支援を行う専門職の総称である。つまり、田中さんは大学時代に抱いた「ソーシャルワーカーになりたい」という夢を叶えたのだ。幼い息子たちをほぼ1人で育てながら、母親の介護をしながら、途中、離婚したり、精神的に追い詰められたりしながらも、着実に夢に向かってステップアップしていった精神力には脱帽する。

「私にとって介護は、大変なことばかりでやりがいや喜びはありませんでした。ただ、介護を経験して、私の経験が誰かの役に立てば……という思いと、介護保険内サービスの不足や介護家族を支える専門家の必要性を感じていて、私に何かできないかと考えているところです」

田中さんは現在、若い頃の自分のように、親の介護で自分の青春や人生を犠牲にすることがないよう、ヤングケアラー支援に尽力している。

まもなく父親は施設に入り、息子たちは巣立って行く。自由になった田中さんを、今後も陰ながら応援したいと思う。

後編

〜私の母は毒母でした。私は毒母になりません〜

第五章

「虐待サバイバー」自身に潜む毒との闘い

「手を上げたことは一度もありませんし、これからもしません。母親である私が虐待しないように育てているので当たり前なんですが、虐待と無縁に育っている息子に嫉妬してしまっている自分がいます」

両親の離婚後、母親やその彼氏、もしくは継父から虐待を受ける子どものニュースが後を絶たない。古い表現だが、〝自分のお腹を痛めて産んだ我が子〟の、命を奪うほど虐待する母親の心理を理解するのはなかなか難しい。だが少なくとも、母子家庭でも両親が揃った家庭と変わらず子どもを育てることができる社会であったならば、そのような悲惨な事態に陥る母子を減らすことができるのではないか。

第五章では、両親の離婚、継父との同居をきっかけに、母親と継父からの身体的・精神的虐待が始まり、8歳から15歳まで約7年間虐待を受け続けた、現在20代の女性の事例を紹介する。

現在20代後半の緑川由芽さん（仮名）との出会いはX（twitter）だった。「みどり　ゆめ子」という名前と、「虐待サバイバー―小5～中3まで虐待―鬱病―解離障害―アダルトチルドレン―毒親―性被害……」というプロフィール欄、ドギツイ色彩を多用した自画像と思われるアイコンが目を引いた。最初の取材のときは、当時まだ2歳の息子がいたため、取材はメールで行った。

それから1年3ヶ月ほど経った5月。息子が4月から幼稚園に入園したため、その間に対面取材を行うことができた。小雨の降る肌寒い日だった。彼女は１５０㎝前後ほどの小柄な体格で、メガネをかけていた。黒を基調とした服装に、マスクも傘も黒。段の入った黒髪は、横髪は胸元辺りまで。後ろ髪は腰くらいまであった。

両親の離婚

緑川さんは、中卒で建設会社に勤める父親と、短大を出て同じ建設会社の事務員をしていた母親が交際中、23歳のときに妊娠が発覚し、〝授かり婚〟の末に生まれた。緑川さんが物心ついたとき、すでに両親は夫婦喧嘩が絶えない状態だった。自由奔放な父親は酒癖が悪く、稼いだお金をお酒や女遊び、パチンコなどに使ってしまうため、いつも母親はイライラしていた。罵り合うのは日常茶飯事で、殴り合いの喧嘩も多く、借りていたアパートの壁やふすまはボロボロ。ところどころに血の痕《あと》がついていた。

しかし、そんな父親でも娘は可愛かったようだ。仕事から帰ると、緑川さんをお風呂に入れることだけは欠かさなかった。ただ一度だけ、父親が酒を飲んだ後に緑川さんをお風呂に入れていたところ、父親が居眠りをしてしまい、生後数ヶ月の緑川さんが溺れたことがあった。たまたま異変に気付いた母親が助け上げ、救急車を呼んだため事なきを得たが、そうでなければ命を落としていた。

母親は教育熱心で、2歳頃から緑川さんを幼児教室に通わせた。年少クラスから幼稚園に入園させると、小学校受験を強要。食事やトイレ、入浴の時間以外は夜中の2時～3時まで勉強させ、緑川さんが期待に応えられないと、怒鳴ったり叩いたりした。父親は「幼い子にこんな夜遅くまで、泣きながら勉強させるなんておかしいだろ！」と憤り、小学校受験に反対。仕事が休みの日は、母親から緑川さんを引き剥がし、外へ遊びに連れ出してくれた。

それを聞いて私は、小学校に上がったばかりの頃、母から夜遅くまで勉強を強要されていたことを思い出した。銀行マンだった父が、夜中の11時～12時くらいに帰宅すると、緑川さんの父親同様、母を注意してくれた。母による勉強の強要は、私が小学校3年生になる頃まで続いたように記憶しているが、強要されなくなった理由は、3歳下の弟に手がかかるようになったためだと私は考えている。

緑川さんにとって父親は、母親の教育虐待から自分を守ってくれる唯一の存在だった。

ところが緑川さんが年中の頃、両親が別居。母親は緑川さんを連れて実家に身を寄せる。祖父母はラーメン屋を営んでいた。祖母と母親の仲は幼い緑川さんから見ても良いとは言えず、常に祖母は母親に怯《おび》えていた。当時不動産屋の事務の仕事をしていた母親は、朝、緑川さんを幼稚園に預けるものの、幼稚園から帰ってくる時間には迎えに行くことができない。そのため祖母が迎えに行き、ラーメン屋に連れてきて遊ばせていた。連日あまりにも帰りが遅くなる母親に対し祖母は、「もうちょっと早く帰ってきてあげたら？」と言うが、カチンと来た母親が、「私は忙しいのよ！」と怒鳴ると、すぐに黙ってしまった。

結局緑川さんは受験に合格し、私立の小学校に通い始めた。しかし緑川さんが8歳の頃、両親が離婚する。離婚の決め手となったのは、父親が母親の実家に借金をしたことだった。

「お父さんて呼んであげて」

緑川さんの親権は母親が持つことになり、祖母の家での暮らしが続いた。

しかし離婚から半年ほど経った頃、母親は「引っ越しするよ」と言って、祖母の家から緑川さんを連れ出した。緑川さんは、「おばあちゃんといる！　引っ越しなんてしたくない！」と言って泣いたが、聞き入れられなかった。連れて行かれた先には、当時31歳の母親より一回り以上年上に見える男性がいた。母親は嬉しそうに、「お父さんて呼んであげて」と言う。

緑川さんは察した。後で知ったことだが、男性は母親が離婚前、夫が作った借金に悩み、緑川さんの小学校の入学準備ができずに困っていたところ、力になってくれたらしい。緑川さんの幼稚園時代、連日母親の帰りが遅かったのは、この男性と会っていたからだったのだろう。

男性はイベント会社を経営しており、44歳で既婚者だったが、妻との間に子どもはおらず、結婚生活は破綻していた。妻は夫が緑川さんの母親と不倫していることを知っていたが、頑なに離婚を拒み続けていた。焦《じ》れた緑川さんの母親は、男性との子どもを妊娠。お腹が目立ってきた頃、男性との同居に踏み切り、男性に「早く離婚しろ」というプレッシャーを与える作戦に出たようだ。

妊娠してからというもの、母親は「つわりが辛くて動けない」と言って、ほとんどの家事を放棄した。緑川さんは最初、「妊娠して大変なのかな」と思い、母親を気遣い、できる限りの家事を代わった。継父（便宜上継父と言い換える）は、週の半分を本妻、残りの半分を緑川さんの母親と過ごしていたが、やがてそのしわ寄せは継父にもおよび、食事は継父が買ってきたお惣菜や弁当ばかりになっていく。

祖母の家を出てから3ヶ月ほど経った頃、緑川さんが小学校から帰ってくると、玄関に鍵がかかっている。鍵を持たせてもらっていない緑川さんは、家の前にある公園で遊びながら、母親か継父の帰りを待った。

一年で最も冷え込む2月だった。辺りが暗くなってくると、子どもたちは帰宅していく。家の前で座り込んでいると、緑川さんは眠気に襲われ、うとうとしながら母親か継父の帰りを待った。

22時頃、母親と継父が揃って帰宅。母親は、「あら、居たの?」と言うだけで、悪びれる様子は全くない。2人はどうやら、生まれてくる子のために、ベビー用品を買い揃えに出かけていたようだ。

「今思えば、母が変わったのは、妹の妊娠がわかってからでした。それまで私に100%向けられていた愛情が妹に向けられ始め、100%を超え、120%や150%になったとき、私に対してはマイナス20%、マイナス50%となっていき、虐待が始まったのかもしれません」

異父妹の誕生

妹が生まれると、32歳になっていた母親は妹ばかりを可愛がるようになった。緑川さんが妹と自由に関わることは禁じられ、母親の許可を得てからでないと、妹に近づくことさえできない。緑川さんが、「顔見に行っていい？」と母親にたずねると、「今起きてるから、手を洗ってマスクをしてから行きなさい」と言われ、それを実行して初めて妹の側に行くことができた。

妹誕生から半年が経った頃、母親は妹の世話にかこつけて、緑川さんのものの洗濯や食事の支度を一切しなくなった。10歳になっていた緑川さんは、洗濯も食事の用意も自分でするしかなかった。

変わっていったのは母親だけではなかった。もともと継父は緑川さんに対し、異常なほどスキンシップやキスを求めてくるため、緑川さんは「気持ちが悪い」と思っていたが、だんだんスキンシップやキスはなくなり、緑川さんへの接し方が厳しくなっていく。継父が買ってきたお惣菜やお弁当に緑川さんが駆け寄ると、「お前は最後だよ、図々しい」と言い、あからさまに「嫌々面倒をみてやっている」という態度を表すようになった。

やがて緑川さんは、自分の食事の準備や洗濯に加え、妹の世話を押し付けられるようになった。妹の寝かしつけや夜泣き対応などまでするようになり、不意に睡魔に襲われることもしばしば。学校の宿題をしながらうっかりうとうとしていると、母親が緑川さんを蹴り上げて起こし、それを帰宅した継父に告げ口した。すると継父は緑川さんを浴室に連れて行き、服を無理やり脱がし、執拗に顔にシャワーを浴びせた。緑川さんは、苦しくて何度も溺れそうになり暴れたが、母親は助けに来なかった。

やがて妹が1歳を過ぎると、母親と継父は引っ越しを決めた。歩き始めた妹のために、今より広い家に移ろうというのだ。

引っ越し後母親は、妹に関わること以外の家事は一切せず、家政婦を雇い始めたが、半年ほどでクビにした。解雇した理由は、「あの家政婦、費用が高い割には、私の持ち物や服装をジロジロ見て、品定めをしてくるようで嫌だったのよ」と被害妄想のような理由だった。

家政婦扱いの10代

11歳になった緑川さんは、料理以外の家族全員の家事全てを押し付けられるようになっていた。

私立の小学校に通っていた緑川さんは、授業が終わったら即帰宅して、買い出しや洗濯などの家事をしなければならない。クラスメイトと話したり、遊んでから帰ることは許されなかった。なぜなら母親は、毎週月曜日に担任に電話をし、毎日の授業終了時間を把握していたからだ。担任の先生からは、「すごいお母さんだね」と言われていた。

小学校を卒業すると、その上の私立中学に進学した。

「妹ができるまで母は、夜中までつきっきりで勉強を見てくれるほど教育熱心な人でした。教育虐待と言われたらそうかもしれませんが、それでも、その頃の私は幸せだったのです」

ところが、中学1年の2月に、通っていた私立中学を突然退学させられる。「お前に使うお金がもったいないから」という理由で、有無を言わさず公立の中学校へ転校させられた。同じ年、やはり母親は唐突に「親権を実の父親へ変更する」と言い出した。理由は、「こんな奴は自分の子どもじゃないから」。

実の父親は離婚後、養育費を毎月払ってくれていたため、母親が時々養育費の催促の電話しているときに、少し代わってもらって話す程度だった。母親は実父に、「今度学校で必要になるものを買うのにお金が足りないから」「修学旅行でお小遣いを持たせてあげたいから」などと言ってはお金を振り込ませていたようだが、そのお金が実際に緑川さんに渡ったことは一度もなかった。

まだ中学2年生の緑川さんは、よく状況が飲み込めないまま家庭裁判所へ連れて行かれ、親権の移行は緑川さんの目の前で、「合意のうえで」という体で行われた。

この頃からさらに、母親と継父の虐待がエスカレートしていく。

「親子間でも返事はすべて『はい』。それも、軍隊みたいな返事を求められていました。返事をすぐにしない、またははっきりとした返事でない、聞き返した……など、とにかく母が気に入らなければ直接殴られたり、継父に告げ口されました」

　母親からは、何か気に入らないことがある度に、「お前なんか産まなきゃ良かった」「お前さえ居なければ幸せだったのに」「この人殺し」「ブス」「糞ガキ」「死ね」などという暴言を浴びせられ、物を投げつけられ、暴力を振るわれる。４歳になっていた妹は、自分で転んだり、どこかをぶつけたときはもちろん、玩具が見つからないときや、物事が思い通りに行かないと泣く。すると母親は、「泣かせるな！」と緑川さんを平手打ちし、暴言を吐き散らす。母親の暴言が聞き取れず、何と言われたのか聞き返せば、途端に蹴りが飛んでくる。理不尽な理由で怒り狂った母親は、それを継父に言いつけると、継父は緑川さんを浴室に連行。服を着たまま、何度も頭から浴槽に沈められた。

　食事はいつも廊下で１人。緑川さんの食事は、白米一杯ともやし炒め、もしくはカップ麺などの手間の掛からない物のみ。当時緑川さんは、中学2年生なのに身長１３０cm、23kg。私の現在小学6年生の娘は、背の順で１～２を争う低身長だが、それでも１４５cmあり、体重は30kg台だ。現在の中学2年生の平均を調べてみたところ、１５５cm、45kg。緑川さんが中学生の頃なので15年ほど前ではあるが、小さく、軽すぎることは明白だ。小学校、中学校の教員たちは気付かなかったのだろうか。

「小学校は、『勉強さえやってれば良い』という私立だったので、『おかしな母親だな』と思われていたと思いますが、何も言われませんでした。公立中学校の先生方は、今思うと、私が声を上げるのを待ってくれていたように思います」

継父は時々デパ地下惣菜やお弁当を買ってきたが、妹や母親にはあっても緑川さんにはない。これが当たり前になっていた。

「肉体的に一番辛かったのは、浴槽に沈められることです。私の意識が朦朧としていてもお構いなしで、すごい力で頭を押さえつけられるので、いつも『死ぬんじゃないか』という恐怖と隣り合わせでした。精神的に辛かったのは、家の中で母や継父に、自分を汚い物扱いされることです。家の中で私は常にマスク必須で、母や継父は私と接するときは必ずマスクを着用し、常に『お前は汚いから』と言われていました」

母方の祖母

そんな緑川さんの唯一の救いは、当時60代だった母方の祖母だった。緑川さんの家は、祖父母の家の目と鼻の先。にもかかわらず、母親は継父と暮らすようになってから、緑川さんが勝手に祖母と会うことを許さなかった。

しかし、母親と継父と妹の3人で旅行に出かけるときは特別だった。その間、緑川さんは祖父母の家に置いて行かれたが、誰にも殴られず、食事も好きなだけ食べられ、お風呂も平和に入れる希少な時間だった。

「祖母は母に怯えていたので、私は家での虐待について話せませんでした。それは祖母に心配と迷惑をかけたくないという、私なりの配慮でした。それでもおそらく祖母は、私が虐待されていることに気付いていたと思います」

祖母は、緑川さんが生まれた後も、何度か結婚と離婚を繰り返していた。そのため、〝ラーメン屋を営む男性〟が〝母親の実の父親〟だという確証はないという。しかも、緑川さんが中学生の間に、祖母はラーメン屋の男性と離婚し、新しい男性と再婚。にもかかわらず、祖母は相変わらずラーメン屋を手伝い続けていた。過去には、祖母の妹と祖母の夫が不倫をして離婚したという経験もあるという。

「男を見る目がないのか、ろくでもない男とばかり付き合うところは、祖母も母もそっくりです。私が虐待されていることを薄々知っていて、それでも助け出そうとはしてくれないのだとわかっていたので、私も祖母にそれ以上のことは求めませんでした」

それでも祖母は、時々母親や継父に隠れるようにして緑川さんに会い、「好きなものを食べなさい」と言ってお小遣いを握らせてくれていた。

おそらく祖母は、緑川さんが母親や継父から虐待されていたことに気付いていたのだろう。しかし娘に対して強く出られないのは、男性遍歴が激しい祖母自身の経験上、娘（緑川さんの母親）の〝愛人〟という難しい立場も理解でき、娘に同情する気持ちもあったのかもしれない。可愛い孫を守りたいが、娘の報復が怖くて、手をこまねいていたのではないかと想像する。

中学3年生になった緑川さんは、日々の虐待に耐えかね、ついに家出を決行。深夜にこっそり家を抜け出し、近所にあった山の中で夜を明かした。

緑川さんが通う中学校は遠かったため、母親の都合で早く帰らなければならないときは、「バスで帰ってこい」と言われ、母親からバス代をもらっていた。そのおつりをコツコツ貯めていたのと、時々祖母からもらっていたお小遣いでパンや飲み物を買ったが、2日で尽きてしまう。3日目の夜、空腹に耐えられなくなった緑川さんは、家に帰るしかなかった。

玄関を開けると、出迎えた母親は泣いていた。学校や警察に連絡したらしく、「家出は周りに迷惑かけるからダメよ。学校にも連絡したから先生に謝りなさい」と言われた。継父も心配した様子で、しばらくは虐待がなかった。だが、約3日後にはすっかり元通りだった。

救いの手

中学3年生の冬。母親と継父から頭をひどく殴られた翌朝、緑川さんは中学校に登校するも、あまりに殴られたところが痛くて、「頭が痛むので、保健室で冷やしたいのですが……」と担任の教師に話した。すると担任は、緑川さんの額のあざを見て、「行きなさい」と一言。ホームルーム後に保健室に来た担任は、「それ、怪我じゃないだろう？」と真剣な面持ちで言う。それを見た緑川さんは、「母と継父に殴られました」と素直に打ち明けていた。

担任は、30代前半くらいの既婚男性だった。親身に話を聞いてくれた担任は、すぐに児童相談所へ通告。同じ学年を担当している教師たちとも情報を共有し、緑川さんの体調や生活について気遣ってくれるようになった。

この頃は、母親はもちろん、継父からの暴力も凄まじくエスカレートしていた。人目につかない臀部《でんぶ》は、痛くて座れなくなるほど頻繁に強く蹴り上げられ、青あざを通り越して黒あざだらけ。トイレの水を飲まされたり、正座をした膝の上に重りとして大きな梅酒の瓶を載せられたりしていたことを、全て担任には話した。

やがて、担任からの通告により、児童相談所の職員が何度か自宅にやってきた。だが、母親は虐待を否定。何度目かの訪問で、緑川さんはなんとか玄関先で職員と面会することができたが、事前に母親から、「下手なことを言ったら、覚えておけよ！」と釘を刺され、家の中で聞き耳を立てている母親が怖かったため、事実を話すことはできなかった。

また同じ頃、母親と継父の罵声や、緑川さんの悲鳴や泣き声が尋常ではなかったのだろう。近所の人から「子どもの泣き叫ぶ声がする」と、何度か警察に通報されていた。しかし、家に来た警官たちに継父が、「言うことを聞かないので、体罰です」と平然と言い切ると、警官たちは「程々にしてくださいね」と言い、その場にいた緑川さんに対しても、「反抗期なのかもしれないけれど、きちんとご両親の言うことを聞くんだよ」と諭されて終了。

児相や警察が来てからというもの、母親と継父は外部に緑川さんの泣き声や悲鳴がもれないよう、警戒するようになった。虐待行為をする前に、窓や雨戸を閉めたり、緑川さんに猿ぐつわを噛ませてから暴力が始まるのだ。さらに、傷跡や痣《あざ》などが残りにくい、長時間の正座をさせられるようになったのも、この頃からだった。ただ正座をさせるだけではなく、膝の内側に棒を挟む拷問と同じ方法をとられるようになったため、その影響で緑川さんは膝がまっすぐに伸ばせなくなり、現在も痛みに苦しんでいる。

「担任の先生がせっかく児童相談所に連絡してくれて、児相の職員たちは私から話せる機会を設けてはくれましたが、自宅では母が怖くて何も言えませんでした。せめて、面会する場所を考えてほしかったです。警察は、私の話を少しも聞こうとはしてくれませんでした。当時の私は、『なぜ誰も助けてくれないんだろう？』と思っていました」

自宅に警察が来たとき、野次馬で集まった近所の人たちに紛れて祖母も来ていたことに緑川さんは気付いたが、その後も祖母は、積極的に助けようとはしてくれなかった。

卒業式前日の逃亡

中学の卒業式の前日。緑川さんは母親と継父、妹のいる家へ帰宅することはなかった。担任の教師の協力により、実の父親のもとへ逃げ出すことに成功したのだ。

母親が親権を移したことにより、中学校へは実の父親の連絡先や住所が伝えられていた。警察も児童相談所も助けてくれない現実に絶望した緑川さんが担任に助けを求め、担任が実の父親に連絡。事情を聞いた父親も受け入れてくれたので、即日逃げ込むことになったわけだ。

それを知った母親は、慌てた様子で実の父親に連絡をしてきたが、緑川さんが「絶対に帰らない！」と言い、親権は実の父親にあるため、どうすることもできなかった。

38歳になった実の父親は、20代後半の女性と暮らしていた。緑川さんと再会すると、「久しぶり！　あいつやっぱりおかしいよな。リビングだけど置いてやるよ」と軽い調子で言った。

緑川さんは夜間高校に入学し、昼間はアルバイトを始めた。父親も女性も家で食事をすることがほぼなく、めったに顔を合わせることはなかった。誰からも干渉されず、ましてや危害を加えられることもないため、母親と継父との暮らしと比べたら天国のようだった。

父親からは、「お金を貯めたら、1人暮らしをしろよ」と言われていたため、緑川さんは貯金に励み、1年後には父親がお世話になっている大家さんのアパートで、1人暮らしを開始。父親の家を出てからも、父親は時々食事や旅行に連れて行ってくれた。だが、アルバイトだけでは家賃や生活費、学費が賄えないこともあり、今で言う「パパ活」をして不足を補っていた頃もあった。危険な目に遭いそうになったこともあったが、間一髪で逃れたという。

1人暮らしを始めて落ち着いた頃、緑川さんの87歳の曾祖母が危篤という連絡を祖母から受けた。それをきっかけに母親と継父と再会するも、もちろん謝罪はなく、「お前が居なくなってから妹が寂しがって、少し精神的に不安定になった」と小言を言われただけ。

やがて曾祖母が亡くなり、葬儀などが終わると、母親が外に作った彼氏と遊びに行くときに妹を預かったり、母親に誘われるまま一緒に出かける関係が始まった。

虐待の後遺症

1人暮らしを始めてしばらくすると、緑川さんは自殺未遂や自傷を繰り返すようになっていた。混んでいる電車や店などに入ると息苦しさを覚え、大きな音でパニックを起こしたり、「ブスじゃん」「死ねよ」と知らない人に笑われているように感じ、人の目が怖くなる。そのうえ、突然母親の暴言がフラッシュバックするようになり、精神的に不安定になった。

高校の養護教諭に勧められ、初めて心療内科へかかったが、金銭的な余裕がないことと、薬をもらってはオーバードーズをしてしまうことの繰り返しで、すぐに通院をやめてしまう。

「死んだら楽になれると思って、何度か自殺未遂をしましたが、死ねませんでした。リスカは血が出るのが快感で、大好きでした。薬のオーバードーズをするとフラフラしてきて記憶がなくなり、気付いたら知らない所に居たこともありました。とにかく、自分が当たり前に生きている感覚が嫌で、死にたかった。この頃は、痛みや苦しみを自分に与えることが目的で、日々生きていた感じです」

高校卒業後は介護の仕事に就いた。だが、施設利用者に対する職員たちの暴言が横行し、過剰な利益追求に走った施設の運営方針に馴染めず、ますます心を病んでいく。さらに就職から1年後、夜勤中に先輩職員からレイプを受けたことで、一層自傷にはまっていく。

一方母親は、継父からもらったお小遣いで危ない男とばかり遊び、「彼氏にDVされた！」と言っては緑川さんの部屋に逃げ込んで来るため、母親の痴話《ちわ》喧嘩に巻き込まれ、母親の彼氏に金品を要求されることも。その度に緑川さんはしばらくパニックを起こし、自殺未遂や自傷を繰り返した。

20歳になった緑川さんは、馴染めない職場環境と先輩職員から受けたレイプに悩んだ末、自暴自棄に。インターネットの出会い系サイトに書き込みをしたところ、返信をくれた8歳年上のトラックドライバーの男性と会うようになり、1年後には男性が転がり込んでくる形で同棲を開始。

同じ頃、ハローワークの職業訓練に、専門学校に通って保育士の資格を取るコースがあることを知ると、介護施設を退職し、専門学校に通い始めた。

ところが、今度は専門学校での授業や実習などを通して、虐待の記憶に苦しめられる。授業で講師が、心理的虐待の実例のひとつとして、「お前なんか産まなきゃ良かった」と口にした瞬間、緑川さんはフラッシュバックを起こしてしまうのだ。保育士になるのが幼い頃からの夢だった緑川さんは、保育士の資格は取りたいが、学ぶ過程で虐待の記憶が蘇ってしまう自分に限界を感じ始めていた。

そんな頃、激しい腹痛が続き、病院を受診すると、卵巣出血を起こしていることがわかる。出血量が多く、なかなか出血が止まらないため手術となり、その後の検査で子宮内膜症が発覚。こちらも手術となり、1ヶ月程の入院を余儀なくされる。そのため専門学校での単位が不足し、退学せざるを得なくなった。

23歳になった頃、緑川さんは同棲していた男性の子どもを妊娠。これをきっかけに入籍を決めた。

「結婚については悩みませんでした。夫は私がどんな育ちでも、どんな親でも受け入れてくれました。夫のご両親も、私の家族についてはあまり気にする人でなく、夫自身も、両親とあまり仲が良いわけではなかったので気が楽でした」

しかし、子どもを持つとなると話は別だった。

「『子どもが欲しい』という気持ちと、自身も『虐待するのではないか』という不安がありました。しかし夫が、『俺が一緒に居るから、もし虐待しそうになったら俺が止めるから大丈夫』と言ってくれたおかげで踏ん切りがつきました」

夫と出会って数ヶ月後、母親とは絶縁した。いつも母親からの連絡に怯え、何より母親の希望を優先している緑川さんを見ていた夫は、「『お母さんと仲良くしてる』って言ってたけど、〝仲良し〟じゃなくて〝言いなり〟だよ。気付いてないかもしれないけど、お母さんと会った後はよく過呼吸を起こしてるし、精神的に良くないから距離を置いたほうが良いよ」と言った。それを聞いた緑川さんは、目からウロコの思いだった。意を決した緑川さんは、母親から誘いの電話が来たときに、「その日は難しい。あとしばらく距離を置きたいな。少し疲れてて……」と伝えた。すると母親は激怒し、「何よ！　誘ってやってるのに！　私と居るのが疲れるっていうの⁉　生意気な！　どうせ彼氏の入れ知恵だろう？　お前は私より彼氏をとるんだな⁉　お前とは絶縁だ！　顔も見たくない！」と一方的にまくし立て、電話を切った。

以降、母親からの連絡はない。

家族に対する感情

現在息子は3歳。緑川さんは初めての育児に奮闘中だ。

「息子の泣き声は特に苦手です。『妹を泣かせたらいけない』という母からの刷り込みが強くて、息子が泣くととても強い罪悪感を抱きます。また、私が子どもの頃は、母や義父の機嫌を損ねると暴力を受けるのが当たり前だったので、息子がいけないことをするとイライラしてしまい、脳内で息子を殴る映像が流れ出します。でももちろん、手を上げたことは一度もありませんし、これからもしません。母親である私が虐待しないように育てているので当たり前なんですが、虐待とは無縁に育っている息子に嫉妬してしまっている自分がいます」

息子に対してイライラしたときは、息子を安全な場所に置き、すぐにその場から離れて別室に行き、深呼吸して気持ちを鎮めるのだと話す。私は心から感心した。虐待を受けて育った親でなくても、なかなかできることではない。その一方で、夫と喧嘩するときは、取っ組み合いになることも少なくないという。だがそれでも夫は、趣味の時間より緑川さんや息子とともに過ごす時間を優先するくらい、家族を愛しているようだ。

その後、実の父親は同棲していた女性と再婚。緑川さんとは年に1～2回は会っている。継父は脳梗塞により、60歳で亡くなったことを、現在も時々会う祖母から聞いた。

「継父が私に加害したことは許せませんが、同時に被害者でもあると思うと、半ば諦めのような気持ちです。継父は、私が20歳頃から罪滅ぼしのつもりか、時々お金の援助をしてくれていました。総額50万円程もらいましたが、虐待分の慰謝料としては安いかなと思います」

謝罪の言葉は一度もないが、継父は緑川さんの出産費用も援助してくれて、「あいつ（母親）には結婚したことも出産したことも言わないほうが良いよ。バレたらやばいから」と言っていた。

結局継父は、死ぬまで本妻と離婚できなかったようだ。継父は、緑川さんが中学生になった頃から母親から頻繁に「お前は犬以下の低能だ！」「犬以下のくせに二足歩行してるよ！ウケるな！」などと罵られ続けているうちにおかしくなり、「ワンワン！」と1人で犬のように吠えている姿を緑川さんは何度も見ている。継父が倒れてから、母親は継父が入院している病院に入ることはできなかったが、本妻から連絡があり、葬儀には参列できたという。

継父は、長年本妻と緑川さんの母親の間に挟まれ、神経がすり減っていったうえに、母親に激しく罵られ続けたため、精神を病んでしまったのかもしれない。

「おそらく母は孤独だったのでしょうね。母は継父に妻がいることを承知の上で妹を作り、認知してもらって同居していたようですが、何度か『そろそろちゃんとしてよ！』と継父に言っていました。寂しさと、結婚したい男との子どもを思う行きすぎた愛情、その果てに、私の存在が邪魔だという気持ちが芽生えたのではないかと推測しています」

　緑川さんの言うように、最初は孤独感や寂しさ、「裕福な継父と早く結婚したい」「安定した暮らしをしたい」という欲や焦りから、妹を作ったのかもしれない。しかし一向に継父は離婚をしない。思うようにならない憤りが緑川さんに向かい、やがて継父本人へもぶつけられるようになったのだろう。継父が緑川さんを自主的に虐待したことはなく、いつも母親にけしかけられてしていたようだが、「風呂に沈める」「拷問のような方法で正座させる」など、虐待の方法は継父自身が選んでいたという。本妻が離婚に応じず、離婚できないせいで母親から罵られ、溜まったストレスのはけ口が、緑川さんへの虐待だったのかもしれない。

「妹だけは心配です。継父が亡くなって、母と2人で上手くやれているか……。おそらく妹は妹で過保護に育てられていたので、苦労しているのではないかと思います」

　母親と継父は、妹の前では虐待をしなかった。「ねね、またお父さんに怒られたの？」と言われたことはあったが、「大丈夫だよ、ちょっと間違えたことがあって、怒られちゃった」と笑顔で返したという。

「妹には甘い母と何でも言いなりな継父のもと、妹はお姫様のようでしたから、その裏で姉が虐待を受けていたとは、当時はさすがに気付いていなかったでしょう。今は気付いているかもしれませんが、妹と直接連絡を取る手段がないのでわかりません……」

今、母親や妹のことは、祖母伝いに聞く程度だ。緑川さんの居場所や結婚、出産したことは、祖母に固く口止めし、それは約４年間守られ続けている。

虐待は魂を殺すもの

緑川さんによると、継父のおかげで経済的には裕福になった母親は、お金目当てに自分に寄ってくる男性とばかり交際していたという。

「本来母は、自分を一番に見てくれる人、一番に頼ってくれる人が大好きでした。彼氏はクズ男ばかり。歴代彼氏は無職は当たり前、前科がある人もいます」

祖母も結婚と離婚を繰り返していることから、もしかしたら母親も幼少期、寂しく辛い思いをして育ったのかもしれない。祖母自らが母親に暴言を吐いたり、暴力を振るったということは現状から考えにくいが、緑川さんが虐待されているという事実を知っても、なお積極的には助けようとしなかった点から想像するに、母親は祖母の彼氏や継父から暴力を受けてきたが、祖母は彼氏や継父を恐れ、保身を優先して母親を守らなかったという可能性は高い。

祖母自身は、直接子どもに暴力を振るったり暴言を吐くような毒親ではなかったかもしれないが、男性に依存し、その男性から我が子を守ることができない毒親だったということは想像に難くない。だから孫である緑川さんも救えなかったのではないか。

緑川さんの場合、中学3年生のときの担任の教師が積極的に救いの手を差し伸べてくれなかったら、最悪のケースに陥っていた可能性も否定できない。

「『虐待されているから助けて！』と家庭の外の人に言うことは、『私の親は、自分の子どもの面倒さえみれない親なんです』と言うことと同義であり、『私は虐待する親と居ます』と暴露することは、とても惨めで恥ずかしいことでした。正直、こんな親元で育って恥ずかしいです。母に至っては、存在すら恥ずかしい。居なくなって欲しいとすら思います」

緑川さんのこの言葉に、閉ざされた密室である家庭から子どもを救うヒントが隠されていないだろうか。子どもから声を上げることはとても勇気の要ることなのだ。そして一度声を上げた子どもは、できるだけ早く救い出さないと、取り返しのつかないことにもなり得る。

8歳から15歳までの7年間、母親と継父からの虐待に苦しんできた緑川さんは、母親に対して「恨みしかない」と血を吐くように言う。

「母のことは本当に、心底嫌いです。なぜなら、幼い頃は大好きだったからです。好きだったからこそ、私に憎しみを向けて、あらゆる手段で虐《しいた》げてきたことが許せません」

現在母親は50代。継父が遺した貯金が底をつきそうになったのか、最近介護施設で働き始めたと祖母伝いに聞いた。職を転々としていた母親の割には、長続きしているという。

「将来病気や怪我で母に介護が必要になった場合、まだまだ生きる可能性があるなら見捨てます。『もう明日にでも死にます』という状況だったら、枕元に行って積もりに積もった文句を言います。『それを聞いてから死んでくれ』って思っています。介護なんて怖くてできません。絶対に言い争いや喧嘩になって、私のほうが若い分、腕力は勝っているでしょうし、万が一殺してしまったら罪に問われるのは私のほうなので……」

ずっと前から決めていたように、言い淀《よど》む間もなく、きっぱりと答える。

「私は虐待は、〝必ず連鎖するもの〟ではないと考えています。むしろ、虐待された自覚のない人や、虐待を躾だと言われて鵜呑《うの》みにした人が、大人になって子どもを持ち、虐待してしまう傾向にあるのではないかと感じています。『自分は虐待されて育ったかも?』と気付いていたら、違ったかもしれない。だからこそ、〝虐待サバイバー〟という存在を、多くの人に知ってもらいたいと思っています」

祖母と母親は完全に男性に依存しているが、緑川さんは夫に依存しているようには見えない。ましてや、息子に依存しているわけでもない。お酒やたばこ、薬物に依存しているということもない。緑川さんは現状、虐待や毒親、依存の連鎖を止めている。

「せめて虐待被害者であると自覚があるサバイバーには、『声を上げても大丈夫だよ』と伝えたいです。１人で抱え込んでしまうと悪循環に陥るので、『虐待サバイバーです。不安なので助けてください』と言える社会であったなら、毒親や虐待の連鎖は減らせるのではないかと思います」

緑川さんは、虐待を防ぐ一般論として、

・経済的余裕があること
・依存先を複数持つこと
・孤立しないこと

を踏まえ、息子を虐待しないように、ヘルパーを週2回、1・5時間ずつ、継続利用している。「死にたい」という衝動が強すぎることや、時々年齢に相応しくないほど幼い言動があることを心配した夫が心療内科に連れて行ったところ、緑川さんは「うつ病・解離性障害」と診断され、精神障害者保険福祉手帳を取得。ヘルパーに家事をサポートしてもらうほか、自分の体調確認や悩みの相談などに利用している。

「定期的に家庭に立ち入り、息子とも顔を合わせる家族以外の存在がいることは、虐待抑止と万一虐待してしまったときの早期発見のために保険をかけているつもりでいます。『精神障害者居宅生活支援事業』というものですが、家事や育児の負担も減らせて、心に余裕ができるので、もっと多くの人が気軽に使えると良いのではないかと思います。また、虐待サバイバーの中には、顔を洗う、歯を磨くなど、家庭での一般的な生活が理解できていない人も珍しくないので、基本的な生活の仕方を教えてくれるサービスがあったらいいなと常々思っています」

緑川さんはX（Twitter）を利用し、「どんなことをされたら虐待なのか」「虐待とはどれだけ人を傷つけ、苦しめ、人生を壊すのか」「虐待サバイバーは大人になった今、どんなことに苦しんでいるのか」を知ってもらうことは、「救いの手を増やすことにつながる」と信じて、子育てや家事の合間に自らの経験や考えを発信する。

「殺人が命を殺すものなら、虐待は魂を殺すものです。その人がその人らしく生きられるはずだった未来すべてを奪うものです。子どもにとって親は絶対的な存在であり、大好きな存在。その親から受ける虐待の傷の深さは計り知れないということを、多くの人に知っておいてほしいです」

「自分は絶対に毒親にならない」という保証は誰にもない。緑川さんの事例からは、「自分も毒親かもしれない」「虐待をするかもしれない」という万が一に備え、何重にも保険をかけておくことが、毒親や虐待を防止することにつながるということを示している。逆に言えば、「自分は絶対に毒親にならない」という自信がある人ほど、危険度が高まるといえるのかもしれない。

「恐怖というか、〝自分の人生を生きちゃいけない〟という呪いにかかっているような気がします。自分だけが楽しむ時間を作れないのです。『私は母親だから、とりあえず今は子どもを優先にするべきで、自分のことは後回しにしなければ』って思ってしまいます」

第六章

〝反発という共依存〟が蝕む毒

子どもの頃に、両親から自己肯定感を満足に得られずに成長すると、自分を大切にできない大人になってしまうのだろうか。そして親になったとき、同じように、自分の子に自己肯定感を満足に与えられないのだろうか。

第六章では、居酒屋の仕事とお客さんが第一で、家庭を顧みない父親と、その寂しさを埋めるためか、宗教にのめり込む母親のもと、ネグレクトに近いような状況で成長した現在30代の女性の事例を紹介する。

２０２２年７月の安倍元首相の銃撃事件は、世間が宗教2世問題に注目するきっかけとなったが、そのときに私は微かな違和感を感じた。

宗教2世は、自分の意志に関わらず、親が信仰する宗教に入信させられているケースが多い。ある程度成長してからやめたいと思っても、宗教団体自体にやめにくいルールや空気がある場合だけでなく、その人自身の生活や人間関係、考え方などに宗教が深く根ざしていることがあるため、やめてもやめなくても宗教に悩まされ続ける宗教2世は少なくないようだ。

「宗教2世問題」とは、「虐待問題」ではないのか。新しい言葉で本質が見えにくくなっているのは、「ヤングケアラー」や「きょうだい児」なども同様だ。さも新しい問題のように取り上げられているが、上から貼られた名札を剥がせば、どれも家庭という密室で古くから起こっている、親から子どもへの「虐待問題」に端を発しているのではないか。

そう思っていた頃に出会ったのが、中部地方出身、関西地方在住の時任和美さん（仮名・30代）だった。

関西地方の郊外にあるカフェで待ち合わせると、彼女はライトグレーのカットソーに、紺地に小花柄の涼し気なフレアスカートで現れた。明るい色に染めた鎖骨辺りまである髪を耳にかけながら、彼女は挨拶して席に座った。

ワンナイトの授かり婚

時任さんは、居酒屋を営む父親と、小さな運送会社の事務職に就いていた母親のもとに生まれた。両親は、当時40歳の父親の店に、30歳の母親が客として来たことで出会い、交際期間ゼロで妊娠。いわゆるワンナイトの授かり婚だった。

行きずりの恋は長続きせず、時任さんが生まれたとき、すでに両親の仲は冷え切っていた。父親は自分の居酒屋と常連客を優先し、ほとんど家に帰ってこなかった。2歳下に妹が生まれると、ますます父親は自宅に寄り付かなくなり、自分の店に寝泊まりするように。帰宅するのは居酒屋が休みの月曜日と、母親が仕事などで不在なときくらいだった。

「父は、気に入らないことがあると喋らなくなる人。母は、プイッとそっぽを向いて無視するタイプです。しかし、あるとき父がキレて何か物を投げて、激しい夫婦喧嘩になったことがあります。私は子どもながらに、『この２人を一緒にしたらいけない』と思い、以降、両親が一緒にいるとハラハラドキドキするようになりました」

　母親は、片付けや掃除ができなかった。そのため、父親の機嫌が悪くなる理由は決まって家の中が汚いことだった。時任さんによると、家の中が汚すぎてゴキブリが大量発生したときに、父親が害虫駆除のくん煙剤を焚《た》いただけで大喧嘩になったこともあったと言う。

　やがて時任さんが３歳になった頃、父親の機嫌が悪くなる要因がまた１つ増えた。母親が知人の紹介で、ある新興宗教に入信したのだ。

　実は父方の祖父は、父親が子どもの頃に蒸発しており、祖母はそれをきっかけに宗教に入信していた。そのため父親は宗教が大嫌いだった。そして父親の兄と弟は、時任さんの母親が宗教に入信したことを知った途端、近所に住んでいたにもかかわらず、時任さんたちをあからさまに避け始めた。

「後に母方の祖母から、『自分の店が大好きなお父さんが、育児中のお母さんを放ったらかしにして寂しい思いをさせ続けたから、お母さんは宗教に走ってしまったんだよ』と聞かされました」

母親は父親を宗教に勧誘するようになり、宗教に嫌悪感を持っていた父親は、ますます自宅に寄り付かなくなる。たまに帰宅すると、夫婦喧嘩を繰り返すようになった。

教団施設での記憶

母親が入信すると、３歳の時任さんと１歳の妹も教団施設に通うようになった。

「子どもの頃の教団の印象は、ひたすら怖い場所でした。座るときに足やお尻を向けてはいけない場所や、一定の階級の人しか触ってはいけないものなど、教団独特のルールがたくさんあり、『入っちゃダメ！』『触っちゃダメ！』と知らない大人から怒られることが恐怖でした」

教団施設は、繁華街の古いビルの一角にあった。時任さんと同じ年頃の子どもも何人かいたが、子連れで通う信者は少なく、入信してもすぐにやめてしまう人が多いため、なかなか馴染めなかった。また、教団内には「子どもと親が離れられないのは良くない」「教祖以外に愛着を持つのは悪いことだ」という考え方があり、親子でも意図的に引き離される。親と引き離された幼い子たちは、みんな泣いていた。それでも、「子どもは親と引き離すと初めは泣くが、放っておけばそのうち諦めて大人しくなる」という考え方のもと、放置された。

3歳と1歳の時任さん姉妹は、母親と離されることがとても怖く、姉である時任さんは、幼い妹が寂しくて泣いているのを見るのも悲しかった。

「当時、子ども心にとても怖い女性の信者がいて、その女性は、なかなか泣き止まない子を真っ暗な部屋に閉じ込めて、『ほら、静かになった』と得意げな顔をしていました。私は、『自分も閉じ込められたらどうしよう』という恐怖で固まっていたのですが、大人になってから、妹がその女性に閉じ込められたことがあるということが判明しました。妹は母に、『あんたは甘えすぎていたから、真っ暗な部屋に閉じ込められたんだよ』と言われたことで思い出したそうです」

教団内で泣いているのは、子どもだけではなかった。厳しい修行に耐えかねて、大人も泣いていた。そんな大人に対し、別の信者から「応援してあげて！」と言われるままに「頑張れ！」と声をかけたこともあった。

「足を組む〝蓮華座〟という修行があるのですが、昔はチューブのようなもので足を縛っていたのでものすごく痛いらしく、数時間後には痣や床ずれみたいになって、大人でもぼろぼろ泣いていました。母も泣いていて、『お母さんに頑張ってって言ってあげて！』って言われました。子どもにとって、自分より強い存在であるはずの母が泣いているのはとても怖いことで、いまだに母が泣く姿を覚えています。教団では、〝足に怪我をすると地獄のカルマが落ちる〟と言われていて、3時間続けられると、周囲から『すごい！』って称賛されていました」

　驚くことに、成長途中の子どもも例外ではなかった。4歳になっていた時任さんは上手に逃げられたが、2歳下の妹は母親を含む大人たちに囲まれ、〝蓮華座〟をさせられ、わんわん泣いていたという。

「正直私は、教団なんかに行きたくありませんでしたが、父が家に寄り付かず、子どもだけで留守番できる年齢ではなかったため、母について教団に行く選択肢以外ありませんでした」

　時任さんが幼稚園に入ると、平日の日中は幼稚園、土日と平日の夜はたまに教団という生活になり、夜に教団施設に行くようになってからは、昼近くに起きる夜型生活に。当時母親は専業主婦で、父親の店は月曜定休日だったが、休日に家族で遊びに出かけることは全くなかった。

ビラ配りのトラウマ

母親は、どんどん宗教にのめり込んでいった。

無償で行う教団へのボランティア活動は、教団内では徳を積み、高い世界へ生まれ変わるための大切な行為とされていた。財産を教団に寄付する〝お布施〟も徳を積む大切な行為とされていたが、生活にゆとりがあるとは言えなかった母親は、あまり寄付はできない。そのため、勧誘のビラ配りに積極的に参加していた。

教団の教えや連絡先の書かれたビラを何千枚と自宅に持ち帰り、それを折るところから作業は始まる。毎日夕飯の後、夜遅くまで母親と姉妹の3人でビラを折った。子ども連れの母親は昼間だと目立つため、ポスティングも夕飯を食べ終えた夜間に行っていた。

当時は教団が、世界中が震撼《しんかん》するような大事件を起こした直後だった。まだ5歳だった時任さんだが、「ビラをポストに投函しているのを見られたら怒られる！」と子どもながらに怯えていた。特に冬の夜は寒く、時任さん姉妹は、「早く帰りたい」と何度も母親に言ったが、その度に「あと〇〇枚配ったらね」「この区画が終わったらね」と誤魔化される。幼い姉妹は、母親に必死でついて行くしかなかった。

「母がたまに買ってくれる自販機のジュースを3人で分け合って飲んだことが、ビラ配りでの唯一の良い思い出です」

ジュースを買うと母親は決まって、「せっかく積んだ徳が減っちゃったね」と言った。

時任さんが夜間のポスティングより嫌だったのは、休日の昼間に街中で直接通行人にビラを配る活動だった。

「当時、私たちに向けられる視線は、かなり冷たいものでした。教団の施設には連日マスコミが押し寄せていましたし、ビラ配りをしているだけで警察を呼ばれたこともあります。しかし教団の大人たちからは、『子どもが配ったほうが受け取ってもらえるから』と、私たちもビラ配りに参加するように強要されました」

あるとき、時任さんが通行中の中年サラリーマンにビラを渡そうとしたところ、男性は受け取ったビラを丸めて思い切り地面に叩きつけ、強い口調で何か言った。

「何と言われたのかはわかりませんでしたが、怒られたことはわかりました。そして男性は、その場にいた母を含む他の信者たちに向かって、『子どもにこんなことをさせるな！』と怒鳴っていました。私は怖くて泣きました」

時任さんはそのときの悲しさと恐怖を、大人になった今でも忘れられない。このとき、「ビラ配りのアルバイトは絶対にやらない」と心に誓うとともに、大人になった今でも街でビラを渡されると、断れずに受け取ってしまうという。

裏切りによる勘当

宗教に入信して以来、母親は祖父母（母親自身の両親）から、宗教をやめるよう何度も説得されていた。時任さんが小学校に上がる前、母親は祖父母に、「教団と縁を切るため」と嘘をついて数百万のお金を借りた。

「最初から母は、宗教をやめる気もお金を返す気もなく、出家するつもりでした。でも当時は家族の同意を得ていない信者を出家させた後、家族から教団が訴えられることが問題になっていて、母が出家することは認められませんでした。それなら祖父母に返せば良いものを、母はそのお金をセミナー代に使ってしまいました……」

母親は、「友だちと旅行に行く」などと嘘をついてまだ幼い妹は祖父母に預け、時任さんだけ連れて、富士山の近くにある教団施設に1週間ほどこもった。そこでは、頭にピリピリと電気刺激を与えるヘルメットのような物を被らされ、2段ベッドのある部屋で母親と2人、ひたすた座って過ごした。

後日、母親が教団をやめていないことを知った祖父母と母親の兄・姉・弟は、真相を聞くため母親を呼び出した。

話し合いの中で、母親は祖父母にお金を返すつもりも、教団をやめる意思もないことを明言。そんな母親を祖父母ときょうだいたちで説得していたが、母親の決意は全く揺るがなかった。

最終的に祖父母ときょうだいたちは、母親に「勘当になるか教団をやめるか選べ」と迫ると、母親はそれでも教団をやめる選択をせず、結局勘当されることになった。

母親は、時々実家に来るときに使っていた合鍵を返し、時任さん姉妹を連れて自宅に帰った。

「以降、現在に至るまで、母は自身の姉からは無視され続けています。ただ、祖父母も母のきょうだいたちも、私たち姉妹のことは心配だったようで、いろいろと良くしてくれました。祖母が言うように、『母がここまで宗教にはまってしまったのは、子育て中の母を独りぼっちにした父のせいだ』とどこか同情的な空気になっていたこともあると思います。勘当した後も、祖父母や伯父たちは、ずっと母を気にかけてくれていました」

祖母はよく、「お母さんのことはもう諦めている。あなたたちだけでもどうにかしてあげたいだけ」と時任さん姉妹に言っていた。

教団の教え

教団では「悪い情報が入る」と言って、テレビや漫画、街で見かける広告やお菓子のパッケージですら悪いものとされていた。母親はテレビを見ることを制限していたため、時任さんたちは、テレビから入ってくる情報は全く知らずに育つ。友だちからは、「なんで知らないの？」と驚かれることも多く、話についていけないことも日常茶飯事だった。

教団では、生活の中で楽しみを求めること自体が悪いことだとされていた。そのため、遊園地や子ども向けのイベント、美味しいものを食べに行くことも教えに背くこととされ、めったに連れて行ってもらえなかった。

また、教団では生き物を殺すことや傷つけることを許されず、夏場に「蚊がとまってる！」と友だちが教えてくれても、それを叩くことができない。殺虫剤も使うことができなかったため、家の中にいるゴキブリも殺すことができなかった。

そして、「殺すことでしか得られない肉や魚を摂ることは控えるように」と教えられていたため、教団のイベントなどで出される食事には肉や魚は使われておらず、野菜を煮ただけのスープや大豆ミール（大豆で作られた疑似肉）の唐揚げなどがふるまわれた。

中には、肉や魚の代わりにタンパク源となる大豆ミールを教団から購入し、子どもには給食さえ食べさせず、毎日お弁当を持たせる信者もいたが、時任さんの母親はそこまで気を配る余裕も金銭的ゆとりもなかった。父親の経営する居酒屋は経営不振が続いていたうえ、父親が入れてくれる生活費を母親が教団へのお布施に使ってしまうため、生活はカツカツだ。

時任さんと妹が小学校に上がると、母親はスーパーのレジ打ちのパートに出るようになり、パートでも生活がままならなくなると、配送会社でフルタイム勤務を始めた。一時期は母親も大豆ミールを教団から購入していたが、割高なうえ、母親自身あまり好きではなかったようで、長続きしなかった。

さらに教団では、動物たちが解体されて肉になっていく、『畜産動物の一生』というビデオを見せられた。まだ幼い時任さんたちには衝撃的で、「しばらくお肉はいらない」という気持ちにさせられた。

「教団では、食事に楽しみを求めることは悪いことだとされており、食事は自分が食べるためではなく、〝教祖に捧げるため、自分が窓口になって食べるためのものだ〟と教えられました。食事の前にも手を合わせて呪文を唱え、数分間黙祷する時間があります。母はそれを祖父母の家や、めったにない外食中でも行うのでヒヤヒヤしました」

この頃時任さんは、こんな噂を聞いた。「昔、教団のイベントで、野菜スープが入った2つの鍋が置いてあった。信者たちは自由におかわりしていたが、片方の鍋だけ『美味しい』と好評で、どんどんなくなっていく。最後、その鍋の底からネズミの死骸が見つかった」というものだ。

「教団施設には、ネズミやゴキブリがたくさんいました。普段、信者たちは動物性タンパク質や動物性の出汁を摂っていないので、紛れ込んだネズミから出た動物性の出汁が美味しく感じられたのかもしれません……」

以降、時任さんは、教団で作ったものは食べなくなった。

夜型生活の小学生

教団施設に通うのは、いつも母親の仕事が終わった後だった。時任さんが幼稚園生の頃は、土日と平日の夜はたまにしか行かなかったが、小学校に上がってからは、毎日となった。学校から帰って家にいると、18時頃に母親が帰宅し、夕飯を済ませて一緒に施設へ向かう。しばらく施設で過ごし、帰ってから風呂などを済ませるため、時任さん姉妹が寝る時間はいつも日付が変わってからだった。

土日も母親は夜まで働き、その後教団施設に通う。たまの休日は朝から晩まで教団施設で過ごした。

時任さん姉妹が通う小学校は、朝は集団登校だった。完全に夜型生活となっていた時任さん姉妹は、集団登校班の集合時間である８時に間に合わない。母親は朝起こしてくれず、朝食も準備せずに出勤してしまう。時任さん姉妹は、遅刻は日常茶飯事。ズル休みすることも少なくなかった。

通常、小学校５年生になると、集団登校班の副班長に、６年生になると班長に任命されるが、遅刻が多かった時任さんは、５年生になっても副班長に任命されず、代わりに４年生の男の子が任命された。顔を合わせれば遅刻を注意してくる男の子だったため、時任さんは校内で彼を避け続けた。

やがて交通機関の乗り継ぎの仕方がわかるようになると、土日はよく母方の祖父母の家に泊まりに行った。昼近くまで寝ていて、自宅では見られないテレビやゲーム三昧。昼まで寝ているせいで夜に眠れず、夜中に抜け出して公園で遊ぶ時任さん姉妹を見て、早寝早起きの規則正しい生活を送る祖父母は、「遅寝遅起き」と揶揄しつつ呆れ果てていた。

日曜日の22時過ぎになると、仕事を終えた母親が迎えに来る。時任さんたちは食事も入浴も済ませており、母親が夕食を食べ終わると、荷物をまとめて祖父母宅を出発。やはり教団施設に顔を出してから、0時近くにやっと帰宅した。

信仰を隠す生活

明るく活発な性格の時任さんは、友だちが多かった。小学校の授業後は大抵、友だちたちが時任さんの家に集まった。

母親は片付けが苦手なため、家の中はいつもぐちゃぐちゃ。しかも教祖の写真や教団の本、説法のテープなどが散らばっている。絶対に教団のことを友だちに知られたくなかった時任さんは、遊びに来た友だちたちに見つからないように必死だった。

「当時の教団は社会的に叩かれていて、連日ニュースに取り上げられているような状態だったので、ほとんどの信者が信仰を隠していたと思います。バレてしまうと、仕事を解雇されたり、親から勘当されたり、離婚になったりと、多方面で影響が出ていました」

友だちたちは、一度家にランドセルを置きに帰った後、すぐさまやって来る。隠す物が多いうえ、時間もないので隠しきれていない場合も多々あり、教祖の写真を見つけた友だちは、「これ誰?」と聞いてきたが、「親戚のおじさん!」と慌てて誤魔化した。

「母のたまの休みにも、構わず友だちは遊びに来ていましたが、母から文句を言われた記憶はありません。ただ、子どものために自分がやりたいことを諦めることもしない母は、大きな声で教団の本を読み上げ出したり、教祖の説法のテープを流したりし始めるので、友だちたちに、『おばちゃんどうしたの!?』とびっくりされて、咄嗟《とっさ》に『お祈りしてる!』と言ってしまい、その後は話題を変えようと必死でした」

母親は、娘たちのことには無関心で、友だちたちに話しかけたり、お茶やお菓子を出すことは一度もなかった。

ゴミ屋敷状態の家

時任さん姉妹が小学生の頃は、父親は店が休みの月曜日だけ、家に帰ってきていた。父親は帰ってくる度、家の中が汚すぎることに文句を言い、その場に母親が居合わせると、夫婦喧嘩に発展。だから父親が帰ってくる月曜日は、母親がいないことが普通になっていた。

家の中はゴミ屋敷状態で、冷蔵庫はいつも賞味期限が切れた食品や腐った野菜、謎の瓶詰めやゴミのようなビニール袋などでパンパン。調味料を入れるポケットはベタベタになっていた。

　リビングにある大きなテーブルも、使いかけの調味料や汚れた食器などの物があふれ、僅かな隙間も表面はベタベタ。とてもそこで食事ができる状態ではなかった。加えて、殺生ができないせいでゴキブリが繁殖し、棚の中や食器の上など、至るところにフンが落ちていた。そのため時任家では、「食器は使う前に一度洗う」というルールがあった。

「外食やお惣菜は割高だから利用できなかっただけなのかもしれませんが、母は料理だけはこだわっていました。でも作るだけです。私たち姉妹にご飯やおかずをよそってくれることもありませんでした」

　唯一料理だけはきちんとした母親だが、ご飯を炊いても料理を作っても、いつも自分の分しかよそわず、１人で黙々と食べた。時任さんたちが、「私たちも食べて良い？」と聞くと、「勝手にすれば？」とだけ言った。

　後片付けや掃除、洗濯は、気が向いたときしかやらなかった。ただ母親は、いつも突然片付けのスイッチが入った。そんなときは、時任さんたちが何をしていようとお構いなしで、強制的に片付けさせようと声を荒げる。散らばる自分の物は無視して、「これ要らないの⁉」

「これは!?」と、娘たちの物ばかり掘り出しては片付けさせた。

「2週間に1度くらい、母の疲労が極限に達するのでしょうね。仕事から疲れて帰宅して、私たちが家でダラダラしているのを見ると、母のスイッチが入りました。こうなると、母が満足するまで付き合わないと夕飯も作ってもらえないばかりか、ここで機嫌を直すことができなければ、しばらく無視されることになります。体罰はありませんが、不機嫌や無視が続くのは避けたいので、必死で片付けました」

もともと片付けが苦手な母親は、部屋がきれいにならなくても、ある程度で満足する。だからいつも焼け石に水状態。時任さん姉妹も物が捨てられない傾向があるため、結局すぐに元通りだった。必要な物が必要なときに見つからず、長期休みの最終日はいつも、提出物が見つからず、泣きながら探し回った。

「私は母が不機嫌になってもそこまで気にしないのですが、いつも妹がすごく母に気を遣っていて、気が付くと妹が母の機嫌を直してくれていて助かりました」

抑圧された思春期

時任家では節約のため、毎日入浴はできなかった。母親が気が向いたときにしか洗濯をしないため、着る服がなくなったら、何日も同じものを着た。

　時任さんが６年生、妹が４年生になった頃、妹がクラスでいじめられるようになった。「臭い」「汚い」と言って避けられるのだ。妹はいじめによるストレスから、家にあるお金を盗むようになった。

「私と違って妹は大人しいタイプでした。私たちに対して無関心だった母も、さすがにこのときは妹に話を聞いたり、学校に行って先生と話したりしていたようです」

　教団内では白や紫は〝高い世界の色〟とされており、服や持ち物はなるべく白を選ぶようにと言われていた。逆に、黒は〝地獄の色〟と言われ、ほとんど選ばれなかった。

　短いスカートや肩が出る服も、「男性の性欲を刺激する」と言われて規制。「胸が大きい女性は執着が強い女性だ」と言われ、同性から注意されていた。髪の毛も「執着の塊だ」とされ、短く切らねばならなかったが、時任さんたちは切りに行くお金がなかったため、伸ばしたままだった。

「教団からは、『この制約を守ることができない人たちが、かわいそうな人たちなのだ』と教え込まれていたし、母や教団の大人が制約を守っているので、子どもの頃はそれが普通だと思い込んでいました」

しかし思春期を迎える頃、時任さんは教団の上の人と度々口論をするようになった。きっかけは、当時流行っていた、ボディラインがくっきり出るほどピチピチのTシャツ、〝チビT〟を着ていて、教団の上の人から注意を受けたことだった。小学校高学年ともなれば、自分の身なりにも自我や好みが表れてくる時期だ。何度かの口論を経て、「規制を逸脱した服を着て教団に来たときは、着替えれば良い」というルールに変更された。

中学に入った時任さんは、制服のスカートを短くしたり、ピアスをあけたりと、〝ささやかな反抗〟を始めた。中学の担任教師や仲の良い友だちには両親が不仲だということは話していたが、教団の話は誰にも話さなかった。

長期休暇は教団のセミナー

夏休みなどの長期休暇も、母親は仕事でほとんど家にいなかった。教団ではテレビを見ることは規制されていたが、この頃は、母親がいない間はテレビが見放題だった。

夜に母親が帰ってくると、夕飯と風呂を済ませて教団施設へ行く日もあったが、母親が疲れて寝てしまう日も多かった。母親が休みの日は昼に起きて昼食を食べ、その後は教団施設で過ごした。

母親は年末年始、ＧＷ、お盆は毎回、「帰省のため」「家族旅行のため」と職場には嘘をついて長期休暇を取り、３日〜１週間ほどの教団の集中セミナーに参加した。

母親はセミナー帰りに必ず職場へのお土産を買ったが、時任さん姉妹は、家族旅行に連れて行ってもらったこともなければ、そのお土産を食べさせてもらったことすらなかった。

年末年始は父親が店を閉めていたので、母親は娘たちを父親に預けてセミナーに出かけた。年越しは父親の店で常連さんたちと共に過ごし、そのまま初詣へ。元旦は先に父方の実家に挨拶に行き、その後、母方の実家の集まりに参加した。

時任さんはこの年末年始の過ごし方が好きだったため、母親に誘われてもセミナーには行かなかった。親戚は皆、母親が教団セミナーに行っていることを知っていたが、母親のことを話題にすることはタブーになっていた。

父親の店が休みでないＧＷやお盆は、時任さん姉妹は母親と一緒にセミナーに参加したり、祖父母宅や子どもがいる信者の家に預けられたりした。

教団のセミナーは基本的に、食事は１日１回、睡眠時間は１日４時間、それ以外は修行という、子どもが参加するには厳しいものだった。参加している大人たちは自分と闘っているので、子どものことなど気にかけていない。時任さん姉妹は、母親と一緒に過ごせるのは嬉しかったが、セミナー自体は退屈でたまらないものだった。

だが、時任さんが小学校高学年になった頃、教団の子どもを対象にした「子どもセミナー」ができた。

子どもセミナーの食事は1日2回、睡眠時間は6時間程度は確保され、修行の時間以外に、海で遊んだり花火をしたりする時間もあった。時任さん姉妹は、家族でできなかった夏休みらしいことを満喫した。

ただ、泊まりがけの教団イベントが小学校の行事とかぶると、母親は容赦なく学校行事を休ませ、教団を優先。「行きたくない」と言っても聞いてもらえず、遠足や運動会を欠席させられたときは辛い思いをした。

苦学生姉妹

父親の店は、年々経営が悪化していた。母親に渡す生活費が少しずつ減っていき、時任さんが中学に上がった頃には、ほとんど父親は生活費を入れていなかった。唯一、市営住宅の家賃だけは父親の口座から引き落とされていたが、それすら足りないこともあり、母親が支払いの調整に奔走していた。

中学3年生になり、高校入試を迎えた時任さんは、自分で合格できそうな公立高校を探し、母親に相談する。すると母親は、「好きにすれば？」と一言。無事合格を果たした時任さんだったが、両親は褒めも喜びもしなかった。

高校では、学費免除の手続きをし、歯科助手や飲食店のアルバイトを掛け持ちして友だちと遊んだり、欲しい物を買う費用を稼いだ。

大学受験を迎えると、時任さんは公立の看護大学を志望。両親に大学の学費を出してもらおうと思っていなかった時任さんは、自分で奨学金などの制度を調べたうえで受験。見事合格を果たすと、在学中に就職する病院を決め、その就職先から学費をサポートしてもらう制度を利用し、在学中はなるべく時給の高いアルバイトを掛け持ちして、交際費や被服費を賄った。

「本当は海外留学がしたかったのですが、お金がないので諦めました。子どもの頃から私は、七夕の短冊に書くくらい、看護師になりたいと思っていたのですが、理由はわかりません。もしかしたら教団に何か言われたのがきっかけかもしれません。ただ、子どもの頃から母を見ていて、『ああはなりたくない』と思っていたので、ずっと『手に職をつけなければ』ということは頭にありました」

そして時任さんが20歳になったとき、ついに両親が離婚。60歳の父親は赤字続きの店をたたみ、自己破産した。

翌年時任さんは、アルバイト先で後に夫となる男性と出会い、交際に発展。大学卒業と同時に家を出て同棲を開始し、27歳で結婚すると、２年後に長男を、その３年後に次男を出産した。

時任家のその後

小学校でいじめに遭っていた妹は、中学でもいじめが続き、家のお金を盗むクセも治らずにいたが、同じ中学校の同級生が１人も行かない高校に進学したことが功を奏し、いじめもお金を盗むクセも治まった。私立の高校に進んだ妹は、進学した高校の中では成績が上位だったため、奨学金を得られたうえに、学費もかなり減額された。

「妹はいじめられていたこともあって、担任の先生から気にかけてもらっていたし、成績があまり良くなかったので、先生が進学先探しに尽力してくれたようです。子どもの頃は、私と妹はタイプが違いすぎて、あまり仲が良くなく、お互いに相談したりアドバイスしたりということは全くありませんでした」

中学でも高校でも成績が良かった時任さんは、制服のスカートを短くしたり、ピアスをあけたりする以外は、特に問題視される生徒ではなかった。ただ、中学のときに一度だけ、家庭調査のための書類に「家庭内別居」と書いたことがある。すると初めて担任教師に呼び出されて、「どういうこと?」とたずねられた。

「私は宗教のことは絶対に誰にも言ってはいけないと思っていたので、『両親の仲が悪いんです』としか答えませんでした。これまで一度も、誰にも言えませんでした。今でも、夫にも言っていません。結婚間近の妹も、彼氏に話していません。宗教のことは恥ずかしさ云々のレベルではなく、知った人はみんな『自分から離れてしまうのでは……』という恐怖が強く、子どもの頃からずっと、母のことを聞かれるのが嫌でたまりませんでした」

時任さん姉妹にとって、宗教のことは、絶対に誰にも触れてほしくないタブーだった。

高校を出た妹は、専門学校に進学し、時任さん同様、医療系の仕事に就いた。5年前にマンションを購入し、現在は母親と一緒に暮らしている。

母親と妹は、以前より頻度は減ったが、今も教団に通っている。時任さんは、高校、大学時代も月に1〜2回は通っていたが、関西に引っ越した後、だんだん行かなくなっていた。

「7年くらい前に関西に引っ越したんですが、全く知らない関西支部に通うのは気が引けたのと、小さい子どもを2人も連れて遠くまで通えないので、下の子が生まれた後、足が遠のいていった感じです」

それでもしばらくは上の子を連れて遠くまで通っていたのは、やはり心の拠り所にはなっていたからだろうか。

「中学の頃くらいまでは、確かに拠り所にはなっていました。中学、高校の頃は、何度か『行きたくないな、やめたいな』と思っていたのですが、『死んだときに1人になるよ。やめて〝縁〟がなくなると、教祖が導いてくれなくなるから、下のほうの怖い世界に落ちちゃうよ』という教団の教えを否定できず、怖くなりました。でも今は、子育てや看護師の仕事に追われながらも、充実した生活ができているせいか、『私はそこまで悪いことして生きてないから大丈夫だろう』と思えるようになりました」

離婚した後、音信不通だった父親は、時任さんが関西に引っ越す前に、「咽頭がんになって入院した」と父方の親族から連絡があった。母親と妹と3人で面会に行くと、父親は母親の顔を見るなり、「テレビカードのお金がないからくれ」と口走る。途端に母親は憤慨し、「これがあればいいんでしょ！」と言って千円札を父親に投げつけて病室を去った。

「妹と母は、『父と3人で暮らそうか？』という話をしていたようですが、当時はまだ母は宗教熱が冷めていなかったので、『教団に入信するなら』という条件を提示したところ、父は拒否し、同居の話はなかったことになったようです」

「手術は成功した」という連絡があったきり、その後父親がどうしているか、時任さんたちは知らないという。

母親と妹の共依存

今年64歳になった母親は、時任さんが結婚を決めたとき、「まさかあんたが結婚するとは思わなかった！」と驚いた。長男を妊娠・出産したときも、「まさかあんたが子どもを産むとは思わなかった！」と驚き、そして次男を妊娠・出産したときも、「まさかあんたが２人も産むとは思わなかった！」と、人生のイベントごとにしつこいほど驚いたという。もしかしたら母親は、〝母親としての責任を十分に果たせていなかった〟ことを自覚していて、反省や後悔の気持ちがあったのかもしれない。こんな家庭で育ったら、家庭を持ちたいと思うはずがない。子どもを産み育てたいと思うはずがないと思っていたからこそ、それでも時任さんが家庭を持とうと思ったこと、子どもを産み育てようと思ったことに驚いたのではないか。

「その割には、母は私の前では、『私もあの頃はよく生きた。頑張ってた。もしかしたら自殺していたかもしれない』なんて、自分の頑張りばかり称えて、私たち子どもに対する申し訳なさは微塵も感じさせませんし、母は妹には、『子どもは2人いたほうが良いよ』『女の子が良いよ』などと言っているようです」

　妹は、結婚後も母親と同居するつもりのようだ。

「妹はなぜか、背負い込んでしまう傾向があって、母と当たり前のように同居し始めましたし、しばらくは父のことも、『同居するべきだったかも』と悩んでいました。母も、私より妹への執着のほうが強くて、『お姉ちゃんとは性格が合わない。妹ちゃんとは喧嘩はするけど、一緒にいるなら妹ちゃんのほうが楽だ』って言ってます」

　子どもの頃、時任さんは母親に、「あんたは頼りになる」と言われた。しかし妹には、「下の子のほうが可愛い」と言っていたようだ。

「子どもの頃から私は、『お母さんは、妹より私のほうが可愛いと思っている』と思っていました。だから大人になってから、『お母さんは、どちらの娘にも私のほうが可愛がられてるって思わせてるんだから、子育て成功だね！』って言ったんです。すると母は、ものすごく喜んでいました」

持って生まれた性格なのか、後天的に培われた性格なのかはわからないが、時任さん自身には生まれてからこれまで、「自分より妹のほうが、母に大事に思われている」という嫉妬や焦燥感は全くなかったという。

その一方で、母親と妹には共依存傾向があるように感じる。現状、母親はまだ64歳で健康状態も良く、誰かが同居しなくてはならないという状況ではない。にもかかわらず、同居ありきで結婚を考えている妹は、母親に囚《とら》われすぎていないだろうか。幼い頃から何でも１人でできた時任さんと異なり、小学校でいじめられたことがきっかけとなったのかそれ以前からなのかは不明だが、母親は宗教に没頭しながらも妹を放っておけず、妹も母親を頼るうちに、離れられなくなったのかもしれない。

「私には、両親から可愛がってもらった記憶はほとんどありません。私が幼い頃の両親は、子どもを可愛がることもできないほど心に余裕がなかったように感じます」

時任さんに子どもが生まれたとき、母親はとても喜び、現在も可愛がってくれている。

母親は、何かに夢中になると、他のことが目に入らなくなるほど、とことん執着してしまうタイプの人間なのかもしれない。その対象が、時任さんたちが子どもの頃は宗教だった。ある意味父親も似たタイプで、父親が最も大切にしていたのは、自分の店とお客さんだった。

「母のことは、『下手くそな生き方をする人だな』と反面教師的に見ています。少なくとも現在は、私たち姉妹や私の子どもたちに愛情を示してくれているので、自分たちを愛してくれる人を失うべきではないと判断し、交流を続けています。いまだに『自己中だな』『子どもっぽいな』と思うことはたくさんありますが、不満は妹とシェアして、前向きに対処を考えています」

　母親が以前ほど宗教に固執しなくなったのは、「心の拠り所が他にできたからかも……」と時任さんは苦笑交じりに言う。

「6～7年前に私が犬を飼い始めたのですが、何度か会わせていたら母にとられました。それまでは私の息子たちを一番に可愛いがってくれていましたが、今ではすっかり孫より犬です」

　自分の子どもは厳しく育てたにも関わらず、孫となると猫可愛がりする祖父母は珍しくない。多くの祖父母にとって孫は、手放しで可愛がることができる対象なのだろう。だが、自分の子どもとなればそうはいかない。母親は、経済的に余裕がない生活や、その中で娘たちを育てていかなければならない責任など、逃れられない苦しみが大きかったからこそ、宗教に救いを求めたのかもしれない。娘たちが成長し、親としての重圧がほとんど感じられなくなった今、宗教に固執する必要がなくなったのだろう。

連鎖する毒親

前述のように父方の祖父は、父親が子どもの頃に蒸発しており、祖母はそれをきっかけに宗教に入信。そのため父親も父親の兄と弟も宗教が大嫌いだった。だから時任さんの母親が宗教に入信して以降、疎遠になったのだ。父親の幼少期のことをあまり知らない時任さんだが、父親の両親が3人兄弟の次男だった父親のことを「一番出来が悪い子」と言っていたということは知っていた。

一方、母親のきょうだいは現在、兄と姉、弟がいるが、実は母親が生まれる前、一番上に姉がいた。母方の祖父母は、長女をとても可愛がっていたらしいが、4～5歳の頃、伊勢湾台風で亡くしてしまっている。母方の祖父母はよほど長女を亡くしたのがショックだったのか、孫である時任さんにまで、「あの子が生きていたらなあ……」と何度も話して聞かせた。加えて母方の祖父母は、当時としてはあまり珍しくないが、男の子を女の子より優遇する、いわゆる〝長男教〟だったようだ。

想像するに、〝長男教〟である祖父母は、男の子たちは大事に育てたのだろう。長女が亡くなったとき、すでに生まれていた次女はそこまで比べられずに済んだが、亡くなった後に生まれた母親は、ことあるごとに亡くなった姉と比べられ、下に見られて苦しんでいたのかもしれない。

　母方の祖母によると、母親は父親と授かり婚をする前、妻子ある男性との不倫ばかり繰り返していたという。それは、常に亡くなった姉と比べられて育った母親の、「亡くなった姉を通してしか、両親は自分を見てくれない」というやるせなさや寂しさを埋める自暴自棄な行動ではなかったか。母方の祖母は、母親が宗教に走ったことを父親のせいにしていたが、私は父親ばかりのせいとは思えない。

　株式会社LITALICOの「りたりこ発達ナビ」によると、「幼少期に養育者との愛着が上手く形成されなかったことによって問題が生じる状態」を、「愛着障害」と言うが、愛着障害に気が付かず大人になった場合、日常生活や仕事において、困難や苦しさ・ストレスを感じる場合が見られるという。例えば情緒面においては、「思考が１００か０かになりやすい」とあり、対人関係においては、「ほど良い距離感がわからない」「パートナーと情緒的な関係を築くことが困難に感じる」「親の期待に応えられないときに必要以上に自分を責める」などの特徴がある。時任さんによれば、母親には親しい友人がいないという。母親は「愛着障害」だったため、他人とほど良い関係を築くことが難しかったのではないか。

さらに、アイデンティティの確立においては、

・自分自身で決断できない
・選択に対する満足度が低い
・自身に対して否定的になる

という特徴があり、自己肯定感が低いために、母親が不倫や宗教に流されて生きてきた要因が浮き彫りになってくる。

もしかしたら、子どもの頃に父親が蒸発し、母親が宗教にのめり込み、「一番出来が悪い子」と言われて育った時任さんの父親も、母親と同じ「愛着障害」だったのかもしれない。

反発する共依存

現在時任さんは、看護師の仕事を続けながら、４歳と１歳の男児を育てている。

「自分が子どもの頃は、母や教団の大人に合わせた退屈な空間で過ごすことが多かったので、

できるだけ子どもの遊びに付き合ったり、『近所にお友だちを作ってあげよう』と思って私もママ友を作ったり、子どもが好きそうな場所に出かけたりして、『子どもの時間を大切にしてあげたい』と考えて育児をしています。母のことは反面教師としてかなり意識していて、母にはやってもらえなかった〝子ども中心〟の生活を送るように心がけています」

次の3月で奨学金の返済が終わり、自分たちが小学生の頃、毎日家に親がいなくて寂しい思いをしていた時任さんは、長男の小学校入学に合わせて現在勤めている病院を退職し、パートをするための準備をしている。

「先日、妹に『お姉ちゃんって、〝普通の家庭〟を求めてるよね？』と言われて、『そうかも……』と思いました。私は子どもの頃、母から遊んでもらえなかったという記憶があまりにも強くて、『子どもには同じ思いをさせたくない』と思い、仕事よりも家事よりも、何よりも子どもを優先しています。それが妹には、違和感に感じたようです」

母親を反面教師にすることに、こだわりすぎているのかもしれない。

「確かに、少し前、いい食材を使って、ちょっと手間暇かけて料理することに夢中になっていた時期があるのですが、子どもに『遊ぼう』って言われても料理に没頭している自分にははっと気付いて、『やばいやばい、これでは母と一緒だ』と思ってやめました。また別のときは、ある資格を取るために勉強を始めたのですが、やっぱり、『このままでは家庭をおろそかにしてしまう。家族を邪魔だと思ってしまう』と思ってやめました。私が宗教に走る可能性はありませんが、私も母のように周りが見えなくなるほど没頭してしまうクセはあるのだと気付きましたね」

自分も母親のように、「毒親になってしまうのではないか」という恐怖があるのだろうか。

「恐怖と言うか、〝自分の人生を生きちゃいけない〟という呪いにかかっているような気がします。自分だけが楽しむ時間を作れないのです。『私は母親だから、とりあえず今は子どもを優先にするべきで、自分のことは後回しにしなければ』って思ってしまいます」

おそらく、毒親でもなく、共依存もない母親なら、「自分の人生は自分のもの。子どもの人生は子どものもの」として、臨機応変に対応できるだろう。少なくとも、子どもが目の前にいないときまで、自分の行動を制限するのは頑なすぎる。「両親から可愛がってもらった記憶はほとんどない」と話す一方、明るく活発な性格で、友だちが多いという時任さん自身は、取材時には自己肯定感が低いようには見えなかった。だが、改めて振り返ってみると、「〝自分の人生を生きちゃいけない〟という呪いにかかっているような気がする」と言うように、自身に対して無意識に否定的で、「母親のようになりたくない」「子どもに自分のような思いをさせたくない」と頑張りすぎてしまっているという点で、妹と形は違うが、やはり自己肯定感が低く、母親との共依存傾向にあるのではないかと思われた。

共依存から逃れるためには、誰か1人とか、何かひとつだけでなく、なるべく複数の人とつながり、いろいろな何かに興味を持つことが重要と考える。ダーツの的を想像してほしい。円の中心に自分がいるとしたら、そのすぐ外側には、自分を取り囲むように、両親や配偶者のような、自分にとって最も大切な人がいる。さらにその外側には、親友や祖父母、きょうだいなどがいて、そのまた外側には、友人知人……と、自分と適切な距離を保ちながら、幾重にも取り囲む形で、何人もの味方を持つことが対策となるように思う。〝誰か1人〟とか、〝何かひとつ〟にこだわってしまうと、それを失ったときのショックが大きい。「自分をバランス良く保つこと＝毒親にならないこと」とすれば、自分の味方を増やし、バランス良く配置することが、毒親にならないための有効なヒントではないだろうか。

第七章

〝プロフェッショナル毒母〟の後遺症

「母のために私がどれだけ苦しんだのかなんて、周囲の人は知る由もないのでしょう。〝自分のために生きる〟ということにいまだ違和感を持っている時点で、まだ毒は抜けていないのでしょうね……」

近年、「親ガチャ」という言葉が盛んに使われるようになったが、人は誰しも、生まれる場所を選ぶことはできない。もちろん生まれる順番を選ぶこともできない。上の子には上の子の、下の子には下の子の悩みがあるだろうが、その悩みの多くは、親のきょうだい比較によるところが大きいのではないだろうか。

第七章では、「完璧なプロフェッショナル毒母」のもとに生まれ、障害のある兄を持つ「きょうだい児」でありヤングケアラーである50代の女性の事例を紹介する。

仙台駅は、新型コロナの流行以来、3年ぶりに開催される青葉まつりの影響か、人混みでごった返していた。そんな中、私は新幹線改札口からほど近いレストランで、東北地方在住の柴田真帆さん（仮名・50代）と会った。柴田さんは、黒地に細かい花柄のタンクトップの上に、同じく黒色で丈が長く、ボタンのないカーディガンを羽織り、薄紅色のフレームのメガネをかけていた。挨拶を交わし、飲み物の注文を勧めると、柴田さんはホッピーとじゃがバターを注文。柴田さんには以前、介護について取材をさせてもらったが、そのときにお酒が好きだと言っていたことを思い出した。

障害のある兄

柴田さんは、運送業を営む41歳の父親と専業主婦の31歳の母親のもとに生まれた。柴田さんが生まれたとき、すでに11歳上には兄がいた。兄は2歳を過ぎても発語も歩行もなく、3歳のときに高熱を出した。一命はとりとめたものの、しばらくして歩行はなんとかできるようになったが、一向に発語はないため、両親は後天的な障害が残ってしまったのだと考えていた。

当時は借家に住んでいたにもかかわらず、兄は昼夜構わず大声を上げて暴れまわり、障子を破ったりふすまに穴を開けたりするため近所からの苦情が絶えない。体の大きな赤子のような兄を連れて歩けば、周囲から白い目で見られ、心無い言葉をかけられることも少なくない。両親は対応に追われ、何度も引っ越しを余儀なくされた。

6人きょうだいの末っ子として生まれた母親は、3歳のときに実の母親を亡くしている。その後、実の父親は子どもたちのために後妻を迎えようとしたところ、すでに成人していた長女と次女が猛反対。後妻には家の敷居をまたがせることなく、実父もろとも追い出したという。

そのため、母親は姉や兄たちに育てられた。長姉が母親兼大黒柱を担い、次姉が母親、長兄が父親的役割を果たしたようだ。長姉が進駐軍の外国人と結婚していたため、戦後の混乱期としては希少な、冷蔵庫や洗濯機、掃除機やクーラーなどの家電が揃った大きな屋敷にきょうだい６人、それぞれの個人部屋をあてがわれ、何不自由なく暮らしていた。

もともと次姉の友だちの彼氏だった父親は、温厚な人柄で頭が切れ、手先が器用で人当たりが良いため、次姉の友だちとともに遊びに来ているうちに母親の姉や兄たちと打ち解けて、次姉の友だちと別れた後も家にちょくちょく遊びに来ていた。だから母親が高校卒業間近になった頃、父親が当時勤めていた会社の事務を紹介したのも自然な流れだった。しばらくすると父親は母親に交際を申し込み、父親29歳、母親19歳のときに結婚。次姉は、「友だちのお古と結婚なんて！」と反対したが、母親は、「女は16になったら結婚できるんだ！」と啖呵を切って身ひとつで家を出てきたという。

約１年後に障害のある息子（柴田さんの兄）が生まれたが、反対を押し切って結婚した手前、母親は姉や兄たちを頼ることはできなかった。息子にかかる医療費を稼ぐため、母親は幼い息子をかかえていても働ける場所を探した。

結婚から２～３年後、長姉が間を取り持ち、姉や兄たちとの交流は復活したものの、昭和の当時は現在よりも遥かに障害者に対する理解がない時代だ。母親が息子（柴田さんの兄）を連れて次姉の家に泊まりに行ったときは、二人がお風呂に入った後、次姉の夫から「障害者が入った後だから、風呂の湯を変えろ！」と怒鳴られたこともあったという。

　柴田さんの兄が11歳になる年、母親が柴田さんを妊娠。食事も排泄も着替えも、何ひとつ自分のことができない兄は、公立の障害者施設に入所することになった。

「あんたは何でもないんだから」

　柴田さんは物心つくかつかないかの頃から、すでに「自分の兄は大変なんだ」と理解していた。両親が少しでも兄の側を離れるときは、自ら兄から目を離さないように気を配った。

　兄の施設には月2回、家族で面会に通った。朝、車で施設に着くと、オムツを替えた後、兄を乗せてドライブに出発。夕方まで家族で過ごし、夕ご飯前にはオムツを替えて別れた。

　その他に、施設で運動会や遠足などのイベントがあるときも、家族で施設に出かけた。夏休みや冬休みには、兄は2週間ほど家に帰ってくる。柴田さんは小学校の低学年ですでに、兄のオムツ替えや入浴のサポートをしていた。

「一緒に暮らしてはいませんでしたが、兄のことは十分に私の中にインプットされていきました。高校受験や大学受験の時期は私は面会に行きませんでしたが、両親はペースを崩すことなく通っていました」

そんな中、母親は柴田さんに口癖のようにこう言った。

「あんたは何でもないんだから、兄くんについててやりなさい」「あんたは何でもないんだから、兄くんが帰省しているときは我慢しなさい」

ことあるごとに言われ続け、その度に柴田さんは家事や兄の世話を手伝った。

そうした母親からのプレッシャーは、兄が家にいるときだけではなかった。柴田さんが家でテレビを見たり遊んだりしていると、執拗に嫌味を言われる。かといって母親を手伝いに行くと、「自分でやったほうが早い！」と一蹴され、幼い柴田さんが戸惑って何もせずにいると、また文句を言われる。

次第に柴田さんは、自分で何をするべきか考えて動くようになった。

「『私は何でもない』かもしれませんが、子どもは子どもです。母は、私が幼くて何の疑問も持たないうちに、〝妹はこうあるべき〟という理想像を叩き込んだのです。私はそれが当たり前と思って成長。兄にとっては良かったと思うし、私も兄を支える立場として結果オーライなところはありますが、おかげで私は常に兄や両親を優先し、自分を基準にして考えられない人間になってしまいました」

近年、障害を持つきょうだいがいる人のことを、「きょうだい児」とか「きょうだい児者」などと言うが、「あんたは何でもないんだから」という言葉は、「きょうだい児（きょうだい児者）」を洗脳する言葉と言っても過言ではないだろう。私は第1子として生まれ、3歳下に弟がいたため、よく「お姉ちゃんなんだから◯◯しなさい」と母親に言われて育った。弟が私のおやつまで食べてしまっても、私の大事なものを壊してしまっても、「お姉ちゃんなんだから我慢しなさい」と言われたため、子ども心にとても嫌な言葉だった。「お姉ちゃん（お兄ちゃん）なんだから◯◯しなさい」という言葉も、先に生まれた子を親が都合よくコントロールするための言葉ではないか。好き好んで先に生まれたわけではないのに、「なぜ上の子というだけで理不尽に我慢を強いられるのか？　なぜ譲らなければならないのか？」と憤りを感じたものだ。結果、私が姉らしく育ったかどうかはわからないが、少なくとも柴田さんは、〝障害のある兄を持つ理想の妹〟に近づいていたようだ。

兄の通院について行ったとき、主治医に言われたことがある。

「お母さん、娘さんを上手に育てましたね」

その瞬間、母親は得意げに満面の笑みを浮かべたが、柴田さんは青ざめていた。

完璧なプロフェッショナル毒母

柴田さんは、母親から容赦ない暴言を浴びせられながら育った。

子どもの頃から涙もろかった柴田さんは、テレビを見て泣くことや、母親にひどい言葉を浴びせられて泣くこと、自分の気持ちが相手に伝わらずに泣くことも多かった。すると必ず母親は、こう冷たく言い放つ。

「簡単に泣けるのは苦労していない証拠」

だから柴田さんは、泣くのは悪いことだと思っていた。母親の前で泣かないようにし、どうしても泣きたいときはトイレで隠れて泣いていた。

一方で母親は、柴田さんが小学校に上がると、毎日車で送り迎えをした。洋裁が得意な母親は、柴田さんが着る服を手作りした。

「車での送迎は、通学路を歩く友だちやクラスメイトに見られるのが恥ずかしかったです。服を作ってくれるのは嬉しかったですが、母が作る服のデザインが古く、複雑な心境でした」

母親は、柴田さんの学年が上がるごとに教育に熱心になり、中学生になってからは、数学が苦手になった柴田さんに家庭教師をつけた。友だちと遊びに行くときは、必ず相手の名前を聞き、どんな友だちなのかを把握したがった。

「プライバシーなんてありませんでした。部屋の中どころか、机の中まで母親にチェックされていましたから。悪い点数のテストなんてとても隠せませんでした」

　思春期を迎えると、母親と口論になることが増えてくる。親よりも友だちといる時間が増えると、母親にこう言われるようになった。

「言うことを聞かないと親子の縁を切るよ」

「母にしてみれば、娘が急に離れて行くようでムカついたのかな……と今は思いますが、当時はとても恐ろしい言葉に感じました。高校時代にアルバイトをし始めたのですが、生活できるだけの収入があるわけではありません。『追い出されたくなかったら言うこと聞け』という脅しです。でも母の恐ろしいところは、『言うこときけ』の〝言うこと〟を言わない。『自分で考えて誠意を見せろ』という圧力をかけてくるところでした」

　服装や持ち物は常に管理され、小学生の頃はもとより、中学・高校時代に友だちや家族で遊びに行くときの服装も、母親に全身コーディネートされた。高校卒業後、短大に進んだ後も、やはり母親が買って来た服を着て通学した。自分でコーディネートしたときは、朝母親に見てもらってから出かけた。

母親は、自分が気に入らないことはとことん貶してくる。柴田さんはそれがわかっていたし、怖かったため、服やバッグ、靴までも自分で選んで買うことをせず、30歳くらいまでは母親が選んだものを身につけていた。

「母は、いわゆる過干渉で過保護なタイプの毒親でした。子どもに愛情を注いでいるように見せかけながら、罪悪感を植え付ける。子どもに道徳心を教えるように見せかけながら、巧みに母親である自分を尊重するように仕向ける。しかもそれに子どもである私が全く違和感を抱かぬように仕向けるという、完璧な〝プロフェッショナル毒母〟です」

なんと、柴田さんが母親のことを毒親だと気付いたのは、柴田さんが40代になってからのことだった。

妊娠と死産

母親は兄を出産後、兄にかかる医療費を稼ぐために働いていたが、柴田さんが小学校3年生くらいの頃からは専業主婦になった。学生時代の友だちもママ友もいない母親は、柴田さんが物心ついた頃から、父親の愚痴を柴田さんに聞かせていた。当の父親は、そんな母親に声を荒げることは一切なく、いつも「あれで可愛いところもあるんだよ」などとのろけていた。

母親は、「家族旅行に連れて行け！」と父親に命令しては、父親が立てた旅行計画や運転する車に乗る。父親も酒が飲めるのは知っているし、自分も車の運転はできるのに、旅先では我先にと当然のように酒を飲む。それでも父親は文句ひとつ言わなかった。しかし、母親が柴田さんにひどいことを言っても、一度も庇《かば》ってくれなかった。

「父が私を庇ったり、母をたしなめたりしたら、母は余計にブチギレて火に油ですから。だから父は母がいないときに、『そういうときはこう言っておけ』『こう対処しろ』などとアドバイスをくれました。父と私の間には、〝母が怒り出したら、勝手に落ち着くまで言いたい放題言わせる〟という暗黙の了解ができあがっていました」

柴田さんは短大を卒業後、製薬会社に就職。1年後、21歳の柴田さんは、4歳年上の男性との交際をスタートし、その7年後、プロポーズを受ける。しかし母親に会わせると、「長男なんて〝姑づとめ〟だ」と言って大反対。それでも交際相手が、「親との間には僕が入りますから。娘さんは僕が守りますから」と必死に訴えてきたため、母親はしぶしぶ承諾した。

ところが結納の後、婚姻届を出す前に妊娠が発覚。あんなに結婚に反対していた母親は手の平を返すように大喜びし、毎日柴田さんのために食べ切れないほどの料理を作った。父親は2階だった柴田さんの部屋を、階段の上り下りをしなくてもいいように1階に用意してくれた。

しかしその数日後、婚約者に会った柴田さんは唖然とする。婚約者は自分の両親と3人で、自分と柴田さんとで暮らす新居を勝手に決め、両親と家具まで選んで運び込んでいたのだ。

「今ならその時点で『おかしい』と気付くと思いますが、当時私は初めての異性との交際で、結婚を間近に控えて浮かれていたため、違和感から目を逸らしてしまったのです」

それから数ヶ月後、まだ妊娠6ヶ月のある日、柴田さんは腹部の張りと痛みに襲われる。たまらず両親に訴えると、父親が産院まで車を出してくれた。「陣痛が始まっています」。柴田さんは緊急入院となり、陣痛を止める点滴を打ったが、翌朝破水。分娩室に入ると、心配そうに付き添う両親に柴田さんは、「外で待ってて」と声をかけた。すると、遅れて来た婚約者が柴田さんの言葉に、「僕が見てるんで、昼ご飯でも食べて来てください」と続いた。

「あんなに楽しみにしていた孫が死にそうなときに、ご飯なんて食べられるわけないじゃないですか。『何ズレたこと言ってるんだろうこの男は……』と呆れました。さらに、私の腰をさすりながら、『頑張れ！』なんて声をかけて来るんですが、産んでしまったら子どもは死ぬって言われてるのに、『何を頑張れっていうんだ！　産めるかよ！』と内心イライラしていました」

　陣痛の波とともに、柴田さんの婚約者に対する嫌悪感は最高潮に達し、手を握られた瞬間、「触るんじゃねぇ！　出て行け！」と叫んでいた。

　結局子どもは死産。分娩室に戻ってきた婚約者の第一声は、「昼食ってないから腹減ってんだよね」だった。

　直後、婚約者とは破局した。

「いったい何人男を連れて来たんだ？」

　その後も柴田さんは、何度か男性と交際した。しかし、母親が気に入る相手でないと結婚を認めてもらえないことがわかっていた柴田さんは、なかなか結婚に踏み切れずにいた。

　母親の出す条件は、「兄くんのことに理解がある人」。

　婚約者と破局した後、２人の男性を母親に会わせたが、母親は気に入らず、相手のことをけんもほろろに貶める。最初は母親の言うことを否定したり、男性を庇ったりしていた柴田さんも、母親が一向に折れないため、次第に疲れてしまい、別れを選ぶ……というパターンを繰り返していた。2人目の交際相手を会わせた後、母親からは、「いったい何人男を連れて来たんだ？」と呆れられた。

「と、言われましても、兄のことを理解してくれて、母のお気に召す人を夫にするとなると、とりあえず母に会わせて、母の反応を見て先を考えるというスタイルをとったほうが効率が良いと思っていたのです。母は外面が非常に良い人間だったので、会った1～2時間は良くても、その後悪態をつきまくり、どんどん却下されていきました」

製薬会社からインフラ系の会社に転職した柴田さんは、33歳になったとき、会社に中途で入社してきた7歳年下の男性に交際を申し込まれる。男性は、障害のある兄がいることに関しても理解を示してくれた。

半年後に母親に会わせると、珍しく母親はとても気に入った様子だった。だが父親が、「ダメ（離婚）になる前提が少しでもあるのなら、初めから嫁に行くな」と言う。

「父は彼と表向きは仲良くしていましたが、思うところがあったのだと思います。それでも私は、兄のことを理解して協力してくれている、珍しく母が気に入っている、そして次男だ……ということだけで、自分の気持ちを重視せずに結婚に踏み切りました」

柴田さんは34歳で結婚。この結婚が、柴田さんにとって地獄の始まりだった。

毒母と毒夫

結婚した途端、夫は柴田さんを顎で使い始めた。共働きなのに、家事は一切やらない。しかし生活費は割り勘。自分は家にお金を入れ忘れることがあるのに、柴田さんが1円でも不足するとネチネチ言う。常に自分優先にしないと不機嫌になり、怒鳴り出すのは日常茶飯事。おまけに携帯電話は逐一チェックし、プライバシーがなかった。

柴田さんが正社員の間は、食費や日用品・柴田さんの必要経費は柴田さん持ち、家賃・光熱費・夫の必要経費は夫持ちだった。結婚後、仕事と家事の両立に悩んだ柴田さんは、会社を辞職。その後夫はグループ会社に出向になり、出向先で事務員を探していたため、柴田さんはパート事務員として働き始めた。

「パートになると、食費や日用品代として、夫から5万円の〝支給〟はされましたが、自分の車の維持費は自分持ちで、アシが出た分の補填はありません。その5万円の〝支給〟も、向こうがパチンコでスったときは全くなく、私は独身時代に貯めた貯金を切り崩すしかありませんでした」

夫は、柴田さんの両親の前では猫をかぶり、兄のことも理解があるフリを続けた。夫は気に入らないことがあるとすぐに怒鳴るため、柴田さんは夫の機嫌を損ねないことに細心の注意を払って生活するようになる。夫が家にいる間は、一瞬も気が抜けない。何ヶ月かに1度、夫は泊まりの仕事があるが、その前日から当日までが柴田さんにとってささやかな楽しみだった。

しかしその楽しみな時間に、母親から電話がかかって来ようものなら、父親に対する愚痴や自分に対する小言など、聞きたくもないどうでもいい話で、ゆうに1~2時間は拘束された。だからといって電話に出ないと「兄に何かあったのでは？」「両親のどちらかが体調を崩したのでは？」などと不安になる。

自己中心的な母親と障害のある兄のために、常に他人を優先にして、自分自身のことは全く尊重せずに生きてきた柴田さんはこのとき、夫と母親との間で懸命に精神バランスを保とうと足掻《あが》き続けていた。

「私は、『自分がしんどい思いをすればするほど、母はいくらかでも自分を認めてくれる』『自分は兄の妹である以上、楽しんではいけない、楽をしてはいけない』と思い込んでいました。そして夫は、そんな私を上手く使う方法を見抜いていたのでしょう」

そのバランスが崩れるときが近づいていた。

父親の死と母親への不信感

結婚から7年経った2014年。41歳になった柴田さんは、夫の機嫌を損ねないよう言葉にも行動にも細心の注意を払って生活していた。その結果、夕食時に大好きなビールを飲んでも全く味がわからず、少しも酔えない。かといって、あからさまにビクビクしていても怒鳴られる。これは母親と全く同じだった。

「私は母のおかげで、〝全然気にしていない風を装いつつ、細心の注意を払う〟というテクニックを子どもの頃から身につけていました。しかしそれが、ある日突然できなくなりました。何がきっかけなのかわかりませんが、今までのようにソツなく振る舞うことができなくなったのです」

そんなときだった。72歳の母親から電話がかかってきた。「お父さんが倒れた！」という。母親はその日、朝から病院に出かけていた。帰宅した母親は救急車を呼んだが、82歳の父親はすでに死亡。警察が呼ばれ、事情聴取が行われる。父親の死亡推定時刻は朝の9時頃。母親は警察に、「帰宅してすぐに救急車を呼んだ」と話していたが、柴田さんは絶対に違うと訝《いぶか》しんでいた。

帰宅したのは夕方だと言う母親だが、飼っていた2匹の犬を溺愛していた母親は、食事を朝昼晩の3食与えていた。そのため遅くとも昼すぎには帰宅し、そのとき父親に用意した朝食が手つかずだったことに気付いたはずだが、「犬たちに昼ご飯も与えずにまだ寝てるのか!」と激怒し、犬たちの昼ご飯を優先。夕方になり、さすがにおかしいと思い、2階の部屋を覗《のぞ》いたら父親が倒れていた。……という流れが真実だろうと柴田さんは考えている。

この日以降、柴田さんはもともと理解不能だった母親のことが、ますますわからなくなった。小さな運送会社を営んでいた父親は、80歳まで働いていた。散々父親に悪態をつき、突っかかって行ったり冷たくしたり、これ以上ないほど邪険に扱ってきた母親は、父親が亡くなった途端、「あんなにいいお父さんはいない」「お父さんのおかげで夫婦仲が保ったんだ」とまるで二階級特進。ひどく落ち込み、ろくに食事も摂らなくなってしまう。

柴田さんが結婚した後も、母親はことあるごとに父親の悪口を吹き込んできていた。「あんたが出て行ってから、お父さんは旅行にも外食にも連れて行ってくれない」と言っていたため、柴田さんは夫の機嫌を取って時間を作り、母親を買い物やランチに連れて行っていた。しかし父親が亡くなった途端、手の平を返したように、「日帰り温泉も1泊旅行もした。美味しいものもたくさん食べに連れて行ってくれた」と思い出話を始めたのだ。

柴田さんは、母親に対する不信感が大きくなるのを感じていた。

究極の選択

柴田さんの父親の死後、豹変したのは母親だけではなかった。夫は何を思ったか、父親の死によって動揺している柴田さんに代わり、葬儀など様々な手続きを買って出たのだ。

しかし柴田さんは喜ばなかった。突然父親を亡くし、動揺していたにもかかわらず、思いの外冷静に、「大黒柱を失った妻の実家が弱っているところに、恩を売って相手の頭が上がらない状況を作り、自分の天下にしようって腹だ」と身構えていた。

柴田さんは、でしゃばる夫を上手くいなしながら、喪主として葬儀をとり仕切る。家族葬とし、夫側の親族を1人も入れなかった。葬儀後も実家に残り、うなだれて仏間に座り込んでいるだけの母親を尻目に、役所手続きに奔走し、兄の面会にも行き、家事もこなした。

「私は最も尊敬する最愛の父を、〝毒母の夫〟でも、〝モラハラ夫の義父〟でもなく、〝私の父〟として見送りたかったのです」

夫は父親の死後から柴田さんの実家に泊まり、仕事も柴田さんの実家から通勤していた。柴田さんの母親にはうやうやしく気を配るが、妻を慮《おもんぱか》る言葉や態度は一切なく、2人きりになると父親の預金残高を何度もたずねてきた。

1週間ほど経ったある日、父親の葬儀が終わって気が抜けたのか、インフルエンザに罹ってダウンしていた柴田さんに、夫から着信がある。出ると、

「お前のせいで仕事でミスをしたじゃないか！　もうそっちには帰らない。俺の荷物をアパートに運んでおけ！」

と一方的に怒鳴り散らされた。

「父を亡くして弱っている私に夫は、多少は優しくしてくれるんじゃないかと内心期待していたんです。ところが、父が亡くなって数日も経たないうちに、私に対して一生懸命、取って付けたような優しい言い回しで父の預金残高を探ってくる。しかも、母にはわからないように、陰で圧をかけてくる……。吐き気がしました。この先、『私は母と兄を見送らなくてはいけないのに、コイツの面倒なんか見ていられない』『どうせ1人で全部やらなくてはいけないなら、夫なんか要らない』と思いました」

母親も夫も、柴田さんが自分を最優先にしないと怒り狂う同類だ。しかし、「この先、兄の具合が悪くなったとき、私が身動き取れなくなったらどうなるんだろう」と想像すると、おそらく夫は、普段通りに仕事と家事をこなしたうえで、柴田さんが兄の世話をするなら納

得するかもしれない。だが、それで少しでもミスをしようものなら、容赦なく怒鳴りつけて来るだろう。兄のことを悪く言うかもしれない。だが、母親にとっては大事な息子だ。多少の我慢や妥協はできるはず。

柴田さんの腹は決まった。

それから柴田さんは一切自宅へは帰らず、実家に居座り続けた。柴田さんから離婚を切り出せば、夫は何か理由を探して、慰謝料を請求して来かねない。だから夫から離婚を切り出すよう仕向けたのだ。

1年半後、夫から離婚届けが郵送されてきたとき、43歳になっていた柴田さんは、飛び上がって喜んだ。

毒母との暮らし

離婚後も柴田さんは実家で暮らし、パートから正社員に復帰した。夫からは解放され、自由を得た柴田さんだが、母親からは解放されなかった。

父親が82歳で亡くなったとき、母親は72歳。まだ足腰が丈夫だった頃は、「あんたの世話になんかならない」「あんたの手を借りるほど落ちぶれていない」と悪態をつくが、見ないフリをすれば、「あんたは冷たい」「あったかみがない」と言い、先回りして片付けていけば、「あんたが側にいると急かされているようだ」と言い放つ。

母親が飼い始めた犬たちの世話をすれば、「あんたに動物を飼う資格はない」と言われ、母親の体調が悪いときに兄の面会に1人で行って帰ってくれれば、感謝もなく開口一番「クソの役にも立たないな」と吐き捨てられる。

柴田さんは、そうした母親からの言葉や態度が、長年自分の心と体を蝕み続けていることに気付いていなかった。

1年前の2015年、42歳になった柴田さんは、何時間も涙が止まらず、自分が保てない感覚に襲われ、心療内科を受診すると、「うつ状態」と言われた。柴田さんが、母親から言われたことをいくつか話したところ、「そんなひどいことを……!」と医師は驚いた後、「突然父親が亡くなったショック」と、「7年間夫から受けてきたモラハラの後遺症による不安感や恐怖感」に加え、「これまで父親が担ってきた役割を柴田さんに求め、全体重でしなだれかかってくる母親によるプレッシャー」などが原因だろうと説明した。

口論になると母親はよく、「あんたは人の親になったことがないからだ」と言った。これには柴田さんも黙っていられず、「子どもに死なれている娘によくそんなことを言えるね」

と言い返す。

すると母親はこう言い放ったのだ。

「子どもが死んだのはあんたのせいだ」

この後柴田さんに記憶はなかった。気付いたら朝食の片付けをして、自分の部屋にいた。

また別のとき、母親から罵倒され続けた後、やりきれなくなった柴田さんは、「もう死んでもいいかな？」と言ったことがある。すると母親は平然と言った。

「ああいいよ、散々男のケツ漁ったんだから、もういいだろ」

言葉を失った。

同居が辛くなった柴田さんが実家を出ようとすると、

「どうせ男を連れ込むんだろう？」

「育て方が悪かった」

「あんたは自分の都合の良いようにばかりする」

とまくし立てる。

「『違うんだよお母さん！　私はそんなことしてない。私はそんなこと思ってない。ちゃんと私を見て！　私のことちゃんとわかって！』……子どもの頃から母に認めてもらいたくて、ずいぶんいろいろと手を尽くしてきましたが、全部無駄でした。何を言っても『減らず口ばっかり叩いて！』でおしまいでしたから。もしもあの頃の私に会えるなら言ってやりたいです。『どんなに頑張ったって通じないんだから、自分のことを優先しな』って」

母娘とは言え、ここまでひどいことを言われながらも、なぜ柴田さんは母親を見限れなかったのだろうか。

口論の果てに、「勝手にしろ！」と言われて柴田さんが荷物をまとめていると、「でもあんた、携帯の番号は変えないでしょ？ なんかあったら来てくれるんだろ？」と声をかけてくる母親。何度も出て行こうとしながらも、「兄の成年後見人になっているから、住所や連絡先は誤魔化せない」「母からはどうせ逃げられない」と自分に言い訳しながら母親との同居を続ける柴田さん。「出て行け！」と言いながらも、出て行ってほしくない母親と、「出て行く！」と言いながらも、出て行くことはできない娘。母親と柴田さんは、完全に共依存関係に陥っていたのだ。

毒母の死

父親が遺したお金と、柴田さんが夫から死守した蓄えは、母親が言い出した実家のリフォーム代に消えた。

２０１４年に72歳になった母親は、要介護1と認定され、デイサービスに通い始めていた。しかし２０２１年４月、79歳になる頃、それまで定期的に行っていたデイサービスを、「調子が悪い」などと言って休みがちになる。

同じ頃柴田さんは、楽に死ぬ方法ばかり考えるようになっていた。自分が出勤中、１人で家にいる母親が心配なことと、主治医に「うつ病が悪化した」と言われたことから、柴田さんは休職を決めた。

やがて母親は「だるい」と言って横になっている時間が増え、柴田さんは腎機能の悪化を疑い、泌尿器科を受診。屋外での自立歩行が難しくなり、車椅子を使うように。

夏には食欲低下による脱水症状で入院するも、暴れて１泊で強制退院。医師から認知症の症状があると説明を受ける。秋になると入浴介助を開始し、食欲低下による栄養不足のため、度々入退院を繰り返す。その冬にはトイレ介助が必要に。

２０２２年１月。母親は、透析のための血管を作る手術を受け、２週間入院。２月には週3回の透析を開始するが、３月には透析を拒否して暴れ、柴田さんは病院と相談し、透析中止を決定。

やがて寝たきりになり、痰《たん》が絡み、呼吸がしづらい様子を見せる。病院へ連れて行くと、肺に水が溜まっていた。心不全の兆候も見られたため、入院。

ところが入院が始まると、看護師さんに手を上げることがあり、四肢拘束を受ける。2週間後には退院し、在宅介護・訪問診療がスタート。

5月になると、オムツでの全介助開始。固形物を受け付けなくなり、プリン・ゼリー・アイス・粉飴でカロリー摂取。

この時期、59歳になった兄は嚥下《えんげ》機能が低下し、経口摂取が困難に。鼻から管を直接胃に入れて栄養補給をするようになるが、兄の気管が他の人より狭く、事故の懸念もあり、胃ろうへの転換を勧められる。

兄の入院・胃ろうの手術に際し付き添いが必要だったが、母親が在宅で介護状態のため、柴田さんは身動きが取れない。困った柴田さんは、母親に質問した。

「もしも兄さんの具合が悪くなったとき、慣れていないとお母さんが困るだろうから、今からショートステイを経験しておかない？」

すると母親は、「絶対に嫌だ！」と全力で首を振った。

「『兄に手術が必要』と言ったら母が取り乱しそうだったので、もしも……という仮定でたずねたのですが、兄が関わっていることなら母は素直に従うかと思っていたのに、驚きました。最後の最後に母は、あんなに大事にしていた息子よりも、自分のほうが可愛くなったのだと思い、唖然としました」

予想外の答えに困惑した柴田さんが、「私1人で2人看るのは無理だよ」と説得しようとしても、母親は布団をかぶって耳を貸さなかった。

兄の施設の職員に相談すると、手術には職員が代わりに付き添ってくれることになった。ただ、身内でないと決められないことが多く、度々職員から電話があり、母親の介護で手が離せないときはすぐに折り返した。

5月中旬。母親にせん妄が始まる。ずっと畳を爪でひっかいていたり、亡くなったはずの父親がいると言ったり、四六時中柴田さんを呼んだりと、混沌とした状態が続く。

5月末。自宅にて逝去。80歳だった。

柴田家のタブー

現在61歳になった兄は、6〜7年前、アンジェルマン症候群と診断された。これは、重度の精神発達の遅れ、てんかん、失調性運動障害、容易に引き起こされる笑いなどの行動を特徴とする疾患で、2015年に難病指定されている。

母親の死後も、柴田さんは兄の面会を怠らず、母親が遺した犬たちも可愛がっている。しかし現在も不眠や悪夢、不安感や恐怖感に悩まされ、うつ病は寛解していない。そのため柴田さんは、休職期間満了後、退社することを決めた。

私は、程度の差こそあれ、毒親の家庭にはタブーがあると考えている。タブーとは、例えばひきこもりの子どもをいない存在として扱ったり、夫の暴力支配が近所に知られないように、家族全員がひた隠しにするような事象を指す。限られた人間しか出入りしない家庭という密室では、しばしばこのようなタブーが生まれ、誰にも触れられないまま長い年月が過ぎるケースも少なくない。柴田さんの家庭にも、タブーがあった。

タブーが生じる家庭には、「短絡的思考」「断絶・孤立」「羞恥心」の3つがそろう場合が多い。

「短絡的思考」は、柴田さんの両親に見られる。母親は、姉や兄たちから何不自由なく甘やかされて育ち、高校を卒業後、ほぼ社会経験もなく19歳で結婚。ところが第1子に障害のある息子が生まれ、苦労したことは想像に難くないが、2人目をもうけるにあたり、息子と2人目の子どもとの生活や、自分たち親がいなくなった後のことなど、2人目の子どもの人生をしっかりと考えたようには思えない。結果的に第2子として生まれた柴田さんは、兄や母親を優先し、当然のように自己犠牲を払い続けてきたため、精神を病んで社会生活が送れない状態にまで陥ってしまった。これは自己中心的で息子優先の母親はもとより、その母親を制御できなかった父親も同罪ではないだろうか。片方の親による暴挙から幼い子どもを守ることができるのは、もう一方の親しかいない。柴田さんは父親を尊敬していると言うが、「あれで可愛いところもあるんだよ」などとのろけている場合ではなかった。父親は母親がいないときに、「そういうときはこう言っておけ」「こう対処しろ」などとアドバイスをしたと言うが、そこまで状況をわかっていながら母親を叱らず、娘が精神を病むまで放置した罪は重い。

　また、柴田さんが子どもの頃、「兄のことで世間の冷たさを痛いほどわかっているから、人とは付き合わない」「他人に悪口を言えばすぐに広まる。言った言わないで揉めるなら、初めから付き合わないのが得策だ」というのが口癖だった母親は、1人も親しい友だちがいなかった。そして、障害のある兄が騒ぐために何度も引っ越しを余儀なくされていた柴田家は、世間から孤立していた。

　おそらく、柴田さんが40代になるまで母親を毒親だと気付かなかったのは、「母親からひどいことを言われるのは、自分が悪いからだ」と思い込まされていたからだろう。「自分はできていない＝恥ずかしいこと」と考えていた柴田さんは、自分に対する羞恥心から、家庭でのことを誰にも相談できなかった。母親により洗脳・情報統制されていたから、気付けなかったのだ。

連鎖する共依存

父方の祖母は、父親にとっては継母で、父親は子どもの頃、継母に虐待されていたらしい。

「機能不全家族で育った父は、傷つけられることにはすっかり慣れてしまっていたのでしょう。おそらく、私がいないところで父が母をたしなめることもあったと思いますが、母がどんな反応をしたかもだいたい想像できます」

父親は、柴田さんの元夫の本性を見抜くほどの洞察力を持ち合わせていた。そんな父親は当然、母親の柴田さんに対する過保護・過干渉や暴言を知らないはずがない。娘を守るために、母親を叱ることも距離を置くこともできたはずだが、それをしなかったのは、そこにはやはり共依存があったからではないだろうか。父親は母親と共依存関係だったために、娘を守るという選択をとることも、母親と距離を置くこともできなかったのだ。

一方、3歳で実の母親を亡くし、姉や兄たちの手で育てられた母親は、父母が恋しかったのではないだろうか。いくら姉や兄たちが可愛いがってくれたとしても、やはり父母ではない。母親は、息子に対しては確かに母親だったのかもしれないが、夫を実の父親代わりに、娘である柴田さんを実の母親代わりに甘えていたのではないか。

いつからか柴田さんは、母親をかわいそうと思い、反面教師にしていた。

「母は、暴言で相手を追い詰めるくせに、相手が死んだ途端に後悔の念に苛まれる人でした。でも私は、相手が死んだときに後悔は絶対にしたくありませんでした。だから父のときも母のときも、してあげたいことはやりました。これ以上無理というくらいまでやってあげて、『サヨナラしたい』と思ったからです」

母親は柴田さんに介護をされるようになってから、機嫌がいいときは「助かる」「悪いなあ」と口にすることもあったという。

亡くなる1週間くらい前、柴田さんは母親の耳元で、今まで自分がどれだけ耐えて我慢して頑張ってきたかを訴え始めた。すると、もう話すことができない母親は、それでも布団をかぶろうとしたり顔をそむけようとしたりした。「ああ耳が痛いんだ」と思った柴田さんは、亡くなる前日の夜、こう言ったという。

「お母さん、ありがとね。お疲れ様。お兄さんとわんこたちのことは大丈夫だから任せてね。お父さんによろしく」と。

これは「あんたに兄くんのことは任せられない」「あんたに動物を飼う資格はない」と言われ続けてきた柴田さんなりの反撃だった。「結局、私に任せる羽目になって残念だったね」という意味を込めたのだ。

「やるだけやった、やり切ったという自信があったので、おかげで、母を看取った後も寂しくて泣くようなことはありませんでした。ただ、常に母を中心に生活していたので、これからは自分の好きなように生きていいとなっても、なんだか落ち着きません。『ああこれも母の影響か』と気付いて、四十九日を過ぎたあたりからふつふつと怒りが湧いてきました。ギリギリの精神ラインで普通っぽく振る舞っていた私の限界に、側にいて全く気付かなかった毒母もモラハラ元夫も、ろくなもんではありませんよね……」

毒母による後遺症

柴田さんは現在、母親から受けた〝毒の解毒〟と、母親が柴田さんの中に埋めていった〝感情の地雷〟の撤去作業に努めている。〝毒の解毒〟は、母親の死後、ブログを立ち上げ、母親から受けた仕打ちの数々を思い出し、文章にして吐き出すこと。〝感情の地雷〟は、それを踏まれると、柴田さん自身が我を忘れるほど感情が振り切れる威力のある言葉や行為を指す。母親は生前、柴田さんに我を忘れるほど感情を揺さぶりたい瞬間に、効果的にそれを踏んだという。柴田さんはそれらをひとつひとつ思い出しては紙に書き出し、毎日見る場所に貼り、慣れることに努めた。それはどちらも激しい痛みを伴う作業だ。

「旦木さんから『母から愛情を感じたことはあるか』という質問を受けたとき、正直答えに詰まりました。愛情というか、手をかけてもらったことに対して、私がそれをただ『ありがとう』と受け取ったことは、私が記憶する限りありません。必ず文句や悪態とセットで行われたため、子ども心に『それならしてくれなくていいのに……』と思っていました。かといって断れば逆ギレして何もかもを放棄されるので、私は我慢するしかありませんでした。今思うに母のあれは愛情ではなくて、支配の一環だったと思います。文句や悪態の中の『あんたのことを思って』という呪いの言葉は、母が都合のいいように子どもを動かすための〝仕込み作業〟だったのです。まんまとしてやられました……」

34歳で結婚した時、柴田さんは母親に手紙を渡していた。その中には、「私の夢は、自分の子どもと一緒に兄様の面会に行くこと」と書かれていた。

「私のように幼い頃から兄と一緒に過ごしていれば、身障者に偏見や差別意識を持つことはないだろうと思ったからです。でも父を見送り、夫と別れ、母から解放された今、私も母のように、兄への理解と協力を無意識のうちに息子に強要してしまっていたかもしれないと考えるようになりました。『たられば』ではありますが、今は、息子がいなくて良かったと思っています」

現在も、兄に関わる医療者や障害者を持つ他の保護者から、「本当に良い妹さんで、お母さんは上手に育てたね！」「うちの娘なんて何もしなくて……。育て方間違ったわ」などと言われるたびに、柴田さんは逆に、「育ち方、間違いました」と思うという。

「兄のことは可愛いと思うし、平穏無事に過ごせるよう努力していく気持ちは変わりません。でも、母のために私がどれだけ苦しんだのかなんて、周囲の人は知る由もないのでしょう。〝自分のために生きる〟ということに未だ違和感を持っている時点で、まだ毒は抜けていないのでしょうね……」

その母親が亡くなって1年以上経つが、今も柴田さんには「自分を生きている」という感覚はなく、「何かのために生きている」という感覚が消えないという。

「21年前に亡くした息子が生きていてくれたら……と思うことも時々はあります。でも息子は、『もし僕がいたら、母さんは母さん自身の気持ちと祖母《ばあ》ちゃん（毒母）の気持ちとでぐちゃぐちゃになっちゃうんだろうな』と私を気遣って帰って行ったんだと思っているんです。母の影響を多大に受けて育った『毒母予備軍』である私は、確実に立派な毒母になったことでしょう。自分が一番なりたくない存在に無意識のうちになって息子を苦しめるだけでなく、私自身、それに気づきながらも止められない、ろくでもない母親になっていたんじゃないかと思います。私は、私の代で〝踏襲《とうしゅう》される毒母〟に終止符を打ったんだと考えています」

　柴田さんは４年前に子宮筋腫で子宮を全摘したが、摘出された子宮は大量の筋腫に埋め尽くされ、息子が生まれたときの体重３２０グラムをゆうに上回っていた。

「そのとき私は、息子が『僕以外の子を産むことは許さん』『母さんがこの家の後始末をするんだ』と言っているような気がしました。だから腹を決めて母を看取ることができたのだと思います。しかしその反面、息子は私に愛想をつかして帰ってしまったのではないかと考えてしまうときもあります。それでも今は、私を必要としてくれる兄と、毒母が遺したわんこたちといることが幸せです」

　母親から受けた毒の後遺症は重い。柴田さんができるだけ早く「自分」を生きられるようになることを願ってやまない。

「母が私に不本意に課してきた『学年首位でならなければならない』とか、『高学歴でなければならない』などといった厳しい試練や努力は、母自身が成し得ず、成す努力すらしなかった母の願望やコンプレックスのすべてだったのです」

第八章

「家庭のタブー」と化した毒母との絶縁

自分が叶えられなかった夢を、子どもに託す親は少なくない。しかし子ども自身が望めば良いが、そうでないのに強要する親は問題だ。子ども自身の意志を尊重せず、無理やりコントロールしようとすれば、確実に子どもは疲弊していく。

第八章では、幼い頃から甘やかされて育ち、両親の勧めで見合い結婚後、妊娠中に夫を交通事故で亡くし、都合が悪くなると「最愛の夫を失った私の気持ちがわかるか！」という切り札を振りかざす、傍若無人な母親に「あんたは私のブランドなの」と言われて育てられた、現在30代の女性の事例を紹介する。


最初の取材オファーをした頃、三宅桜子さん（仮名・30代）は、大学入学後にひきこもりになってしまった弟のために、妹と一緒に奮闘している最中だった。九州地方出身の彼女は、約7年間ひきこもっている弟が、「東京に行ってみたい」と言っていることを妹づてに聞き、「ひきこもりから脱出できるチャンスかもしれない」と思い、わざわざ関東から実家まで迎えに行っていた。

それから約半年後。私と彼女は品川のカフェで会った。今夏初めての真夏日。彼女は長い黒髪を後ろでひとつにまとめ、ブルーグレーのノースリーブニットを着、白のタイトなパンツスタイルで現れた。

私が「暑い中、すみません」と言うと、ハンカチで汗を押さえながら、「私もお会いしたかったので。お会いできて嬉しいです」と微笑んだ。

女王様のような母親

関東在住、九州地方出身の三宅さんは、実家と母方の祖父母宅と大叔母（祖父の妹）宅が、徒歩30秒ほどの距離に建ち並ぶ田舎町に生まれた。

父親は県の職員、母親は中学の音楽教師で、26歳の頃にお互いの両親の勧めで見合いし、3～4ヶ月の交際を経て結婚。やがて母親は妊娠した。

「母はとてもわがままで子どもっぽく、意地悪で自分のことしか考えない自己中心的な人です」と三宅さんは言う。三宅さんの母方の祖父母や伯父（母の兄）も、「あの子は幼い頃から『美人』だと言われていつもちやほやされて、小さな町のどこに行っても〝女王様〟だったから、精神的な成長の機会を逃したためにこんな性格になってしまったのではないか」と話しているという。

間もなく三宅さんが誕生しようとしていた臨月、母親の〝女王様〟のような性格に拍車をかける事件が起こる。父親が交通事故で亡くなってしまったのだ。

「私は、母を現在のような性格にしたのは、もとの性格に加えて、〝私の父の死〟が大きな要因となったのではないかと考えています。それは、『父の死による心の痛みで母が狂った』という意味ではなく、もともとわがままですべてを自分の思い通りにしなければ気が済まない母が、『配偶者の死』という『それ以上誰も追及できないような言い訳を手に入れた』という意味です。例えば、誰かが母の行いの不当性を指摘すると、必ず母は『最愛の夫を失った私の気持ちがわかるか！』などと『配偶者の死』を持ち出し、相手にそれ以上反論できないようにしてしまうのです……」

三宅さんの父親の死によって、わがままを押し通す最高の言い訳を手に入れた母親は、さらに手に負えない暴君になっていく。生まれたばかりの三宅さんを世話するのはもっぱら母方の祖父母。母親は産休・育休を取得していたにもかかわらず、育児も家事も全くしない。特に祖母は母親から召使いのように扱われていた。

「母に添い寝をしてもらったり、お風呂に入れてもらったりした記憶はありません。側にいてくれたのはいつも祖父母でした。祖父母は夫婦仲が良く、祖父は優しくて何でもできる人でした。祖母は慈愛あふれる物静かで温かい人。また、伯父（母の兄）は気の弱いところはありますが、心根がとても優しい人。母以外は皆、私には普通に見えました」

母親は父親の死後、1～2年ほどで教師をしている男性と婚約。だが、男女問わず生徒たちに慕われていた男性にヤキモチを焼いた母親は、耐えきれず婚約を破棄してしまう。その約1年後、29歳になった母親は、建設業に従事する10歳年上の男性と再婚。三宅さんの6歳下に妹、8歳下に弟をもうけた。

母親の異常性

再婚当初、三宅さんのことを可愛がっていた養父は、妹が生まれた途端に豹変した。全く理由もなく、自分がはいていたトランクスをいきなり三宅さんの顔にこすりつけてきたり、眠っている三宅さんを突然殴ってきたり、子どもには到底食べられない量の食事を与え、食べ終わるまで家族の団らんに入れないなどの虐待をするようになった。きっかけはないに等しく、ほとんど養父の機嫌次第。教育というより鬱憤晴らしのようだった。

一方、母親はそれを止めないばかりか、自らも傍若無人に振る舞い、およそ母親らしからぬ言動をして三宅さんを困惑させていた。

「母は気が狂ったフリや認知症になったフリを頻繁にしていました。例えば、私が何か気に入らないことをすると、舌を半分出して焦点の合わない目をして呆けたような顔を作り、ろれつの回らない話し方をしてみたり、子どもがえりをしたかのように、わざとマヨネーズを哺乳瓶のように咥《くわ》えて直にすすってみたり、霊に乗り移られたフリをして、部屋いっぱいに『呪』と書いた紙を貼り付けたり……。おそらくこれを聞いた人は信じられないだろうし、笑ってしまいそうな行動ですが、本当に母はこれらを正気のままやっていました」

　果たして正気だろうか。こうしたことを30代の大人が子ども相手に大真面目にやっている光景を想像すると、絶句してしまうほどの異常性を感じる。

「母と養父の性行為のようなものに参加させられたこともあります。養父と一緒に母の母乳を吸うよう母に命じられました。養父は鼻血を流しながらニタニタ笑って私を見ていました」

　正気の沙汰ではない。自ら命じる母親はもとより、止めない養父も養父だ。しかも母親は中学の音楽教師。まさに〝家庭という密室〟では、第三者には想像し得ないことが起こっている。

「幼い頃は、母のおかしなフリが始まる度に本気で心配していましたが、さすがに小学校高学年にもなるとフリだと気付いていました。フリをする母には言葉が全く通じず、ニンゲンではない何かを相手に対話しなければならないようなもどかしさ、これが自分の親だと思うと、行き場のない悔しさがあり、やりきれない思いでいっぱいでした。もともと母がフリをし始めるのは気に入らないことがあった後なので、付き合わないとどんどんフリが長引き、もっと嫌な思いをさせられることがわかっていました。だから付き合うしかなかったのです」

突然、「お前のせいで具合が悪くなった！」と言って派手に倒れ、救急車を呼ぶよう命令されたことは数知れず。「またあの家、救急車が来てるよ」と近所で有名になったほどだ。搬送先の病院でも母親は〝フリ〟を続け、様々な検査をした後、どこも悪いところはないと判断された母親は、ビタミン注射を受けて帰されるのがお決まりのパターンだった。

「あんたは私のブランドなの」

三宅さんが小学校に上がると、母親は習い事や勉強を強要。ピアノ、英会話教室、学習塾３つ、習字のほか、家庭教師まで付けられた。

成績は常にトップでないと許されず、テストで１００点を取らないと、大切にしていたものを窓から外に投げ捨てられたり、田舎で真っ暗な夜中に校庭を何周も走らされたり、包丁を振り回しながら怒鳴られたりした。

「母は、人目につくような嫌がらせや虐待はしませんでした。当時の私は、〃厳しい＝愛がある〃と信じて疑わず、私の家庭は〃教育熱心な素敵な家庭〃と思い込んでいたのです」

　教員である母親は計算高く、体や顔に痕が残るような体罰はしなかった。

「母はよく、『長女ができていれば下の子もできる、下の子がダメならそれは長女の責任』と言い、私にプレッシャーを与えました。母は私と妹をお互いにライバル視させるように仕向けたので、姉妹仲は最悪です。しかし母は弟にだけは甘く、私や妹は学校の成績が５段階評価の４以上ないとひどく罵られましたが、弟だけはオール２でも怒られませんでした」

　母親は、学校行事には皆勤賞で参加。夏休みの宿題は、家族でキャンプに行った家族写真のアルバムを作るよう強要し、提出させた。

「母は周りに、『私は幸せ。円満家族です』とアピールしたい人でした。狭い小さな田舎町なので、変な噂が広まることを気にして、外向きには常に演技をしていた感じです」

　ブランドの服やバッグが大好きだった母親は、「あんたは私のブランドなの」と言い、三宅さんにもブランドものの子ども服を着せた。

「子どもの頃は言われる度に誇らしく思っていたのですが、今この言葉を思い出すとぞっとします。母は、『あんたは鼻が低くて可愛い』『顔がでかくて顔が歩いているみたいで可愛い』『なまけものみたいにのろまで可愛い』など、〝褒めていることにして貶す〟言い回しを得意としていました。今思うと娘である私を、女性としてライバル視していたように思います」

三宅さんが小学校高学年の頃、母親に連れられて陶芸体験に行ったことがある。最初、男性講師が丁寧に作り方を教えてくれていたが、途中、母親が席を外した途端、男性講師の教え方が横柄で厳しいものに豹変した。その帰り、三宅さんが母親に、「あの先生、お母さんがいなくなったら急に怖くなった」と泣きながら話すと、母親は満面の笑みを浮かべながら、「なんやなんや？　お母さんがおらんやったら、あの先生厳しくなったんか？」と嬉しそうに言った。

「自分が見ていないところで子どもをぞんざいに扱われたら、普通の母親なら怒りますよね？　そのときは幼くてわかりませんでしたが、今はわかります。母は、あの陶芸の先生が、『自分に気がある』と思ったから喜んだのです。小さい頃から『可愛い』『美人』とちやほやされて育ち、女王様だった母は、いつまでも自分が一番じゃないと気に入らず、娘にその座を奪われたくなかったのだと思います」

長年、母親から褒めていることにして貶す言い回しで巧みに貶められてきた三宅さんは、「常に自分はダメでおかしくて汚くて、周りが正しいという信仰心みたいなものができていました」と言うように、自信がない子どもに成長する。

一方妹弟は、三宅さんが養父から夕食を大量に食べさせるなどの嫌がらせを受けている間、養父の足元でニヤニヤしながらその様子を眺めていた。家族で出かけても、三宅さんだけ一日中車の脇に立たされ続けていたこともあるが、妹弟は少しも気にとめなかった。

「私が養父に、ゴミと一緒に箒《ほうき》で掃かれる姿を笑いながら見ていた2人の顔が今でも思い出されます。2人はきちんと血のつながった姉弟だったのでいつも一緒でしたが、私は父が違ううえ、年が離れていることもあり、私だけがよそ者扱いでした」

養父との離婚

再婚当初は養父の機嫌をとり、色目を使っていた母親だが、だんだん馬脚を現し、年々夫婦仲は悪化。三宅さんが中学生になる頃には、お互いにゴルフクラブや金属バットなどを持ち出し、血まみれになって罵り合う激しい喧嘩が頻繁に。外面を気にする母親にもかかわらず、近所に警察を呼ばれたことが何度もあった。

養父からの虐待に耐えかねていた三宅さんは、ゴミ扱いされたことをきっかけに、かろうじてつなぎ止められていた最後の糸が切れた。「ああ、自分はゴミ以下なんだな、人間ではないんだな」と肩を落とし、荷物をまとめると、同じ敷地内の祖父母の家で暮らし始めた。母親は妹や弟、親族らには、「あの子は高校の受験勉強のために祖父母宅に移った」と取り繕って回った。

子どもの頃から絵を描くのが好きで、イラストや漫画、デザインの道に進みたかった三宅さんだが、母親からはことごとく妨害され続けていた。

まず、毎日いくつもの塾や英会話、習い事の掛け持ちを強要され、そのうえ1日何時間ものピアノの練習を強いられていたので、絵を描くための時間を作れなかった。あくまでも母親は、「本当にやりたいことであれば、習い事やピアノをこなした後に時間を作ってするはずだ」という言い分だったが、17時頃、吹奏楽部の活動を終えて帰宅し、塾・英会話が2〜3時間、その後にピアノの練習が2〜3時間、そして学校や塾の宿題、夕食、入浴、睡眠となると、時間を捻出するのは実質不可能。絵や漫画を描くことを禁止されていることと同じだった。

また、三宅さんが画材を買おうとすると母親は、「恥ずかしい」「ダサい」と貶めてきたり、「こんな画材を買おうとするのは、ダサいオタクだけですよね?」と大声で店員に話しかけたりした。

「何より一番嫌だったのは、自分が、〝母の夢を叶える道具〟にされたことです。母の夢はピアニストになることだったのですが、それが叶わなかったため、母は私がピアニストになることを強要してきました」

母親は、昼夜構わずピアノの練習をさせた。外面を気にするくせに、近所から苦情が来ても気にもとめなかった。

中学在学中、三宅さんは何度も泣いて頼み、ピアノはやめることができた。しかし、高校受験時には美術科の高校を志望した三宅さんだったが、母親はそれを許さない。結局、母親が提示した高校の中から選択することを強要され、しぶしぶ普通科の高校に進学した。

そんなある日、母親がお得意のおかしなフリをし始めると、虫の居所が悪かったのか、養父が怒ってやめるよう注意する。すると母親が「DVだ!」と騒ぎ出し、養父も負けじと「妻によるDVだ!」と応戦。結局養父は家を出て行き、母親は養父から慰謝料を取るため、裁判を起こした。

母親は三宅さんを自分の味方につけようとして、「お養父さんはあんたより、血のつながった妹弟のほうが可愛いと言っていた」「あんただけが私の味方」「妹弟はどうでもいい、私は妹弟よりあんたを信頼している」などと囁《ささや》く。さらに母親は、「裁判に勝つためだ」と言って、まだ高校生の三宅さんに、「母が負けたら私たち子どもは死ぬぞ。私たちを殺す気か？　死んで慰謝料を払えというのか？」と「弁護士に電話しろ！」と命令。すっかり母親に洗脳されていた三宅さんが実行した結果、当然子どもに脅迫させるような母親のほうが不利になり、養父に５００万円の慰謝料を支払うことで結審した。

離婚後、母親は妹と弟に「お前たちの父親のせいで私は５００万円払うことになった！」と激怒。慰謝料は全額自分で払ったと言い張っていたが、実はそのうち３００万円は大叔母（祖父の妹）が肩代わりしていた。

母親に気を遣う生活

離婚後も三宅さんたちきょうだいは、母親に常に気を遣って生活していた。何がきっかけで母親の機嫌が悪くなるかわからないため、いつも母親を爆弾のように慎重に扱わなければならなかった。それでも母親は突然機嫌を悪くし、三宅さんたちに当たり散らした。いつもきっかけはほんの些細なこと、全く予測できないこと。そしてほとんどの場合、三宅さんたちに落ち度はなかった。

母親は機嫌が悪くなると、三宅さんに対しては、「お前は本当は私の子どもではない！　お前の死んだお父さんには愛人がいて、そいつが産んだお前を私が育ててやっているんだ！　追い出されたくなければ言うことを聞け！」とありもしない嘘をついて脅したり、妹や弟には「お前らは父親に似てクズ野郎だ！　産まなければ良かった！　さっさと父親のところへ行け！」などと怒鳴ったりしていた。ひどいときは、包丁を持ち出して脅してきたり、大切な持ち物を燃やされたこともあった。

「少しでも私たちが反論しようとすると、お決まりの『夫を早くに亡くした私の気持ちがわかるか！』と喚いたり、『私は幼い頃誰々にレイプされた！　そんなかわいそうな私の気持ちがわかるか！』と叫んだりしていました。中学か高校くらいになって、ようやく私は母が虚言癖ではないかと思い至りましたが、幼い頃は母に本気で同情していました」

母親は友だち付き合いについては口を出さなかったが、恋愛については厳しく制限した。

「母はよく、『中学生になると勉強ができなくなるのは女だ。なぜなら、男男！　ってなるからだ！』と言っていました。今は『そんなわけあるか！』と思いますが、当時は信じて疑わず、恋愛に興味を持たないようにしていました」

　こんな出来事もあった。三宅さんが高校3年生の元日の夜、徒歩30秒ほどの距離にある大叔母（祖父の妹）の家で、おせちをごちそうになることになった。母親から「先に行って て」と言われた三宅さんたちきょうだいは、大叔母の家に先に到着。しかし待てど暮らせど母親は来ない。三宅さんが様子を見に行くと、母親は寝ていた。三宅さんきょうだいと大叔母は代わる代わる母親を起こしに行ったが、「眠い」「知らない」などの返事があるだけで、一向に起きようとしない。そのため大叔母は、「おなかが空いているだろうから、先に少し食べておきなさい」と言っておせちを取り分けてくれた。そこにやっと来た母親は、「誰も私を待ってくれなかった！」と激怒し、喚き散らして家に帰って行った。

　三宅さんたちきょうだいは、母親の機嫌を直すために大慌てで家に行ってみたが、玄関も窓も鍵がかけられており、中に入れない。大叔母に事情を話し、23時頃まで大叔母の家にいたが、その間何度家に行ってみても、鍵はかけられたまま。

「大叔母の家に泊めてもらうこともできましたが、そうすると翌朝母親が手がつけられない状態になることは予想できたので、23時過ぎに3人で家に戻り、私と妹で肩車して、たまたま鍵が開いていた浴室の窓から弟が中に入り、玄関を開けてもらいました。翌朝からしばらくの間、母は不機嫌でしたが、大叔母の家に泊まっていたら、もっとひどいことになっていたと思います……」

東京の大学へ進学

大学も芸大を志望した三宅さんだったが、やはり母親に妨害され、やむなく断念。東京の大学の文学部に進学し、1人暮らしを始めた。

ところが、母親が仕送りをしてくれたのは最初の2年だけ。しかもそのお金は祖父が貯蓄してくれていた実父の遺族年金だった。

三宅さんの進学に備えて、祖父が実父の遺族年金を貯金してくれていたのだが、母親がブランドバッグやブランドの服などの購入、家のリフォームなどに使い果たしてしまったのだ。

三宅さんは、学費・生活費を稼ぐためだけでなく、「社会経験を積みたい」と考え、銀座のクラブでホステスの仕事をすることにした。

「お酒はどちらかと言うと嫌いですし、男性慣れしているわけでもないので、もちろん抵抗はありました。また、銀座の高級ホステスというと聞こえはいいですし、もちろん上品で思いやりのあるお客様もいらっしゃるのですが、そのような方ばかりではありません。最初は怖い思いをすることも多かったです」

三宅さんは、昼は大学、夜はホステスの忙しい日々をこなした。上京して母親とは離れることができたが、母親から電話がかかってこない日のほうが少なかった。無論、東京で１人暮らしをする娘を心配しての電話ではなく、職場や祖父母、妹弟に対する愚痴や悪口を言うためだ。当時は、三宅さんが中学生の頃からアルツハイマー病を患っていた祖父が、80代になって病状が悪化。祖父が亡くなった後、すぐに祖母の認知症が進み、いつ何があるかわからない状況だったため、電話に出ないという選択肢はとれなかった。三宅さんは、毎日かかってくる電話に怯えて暮らしていた。

人生最大のピンチ

高校生の頃から過食になっていた三宅さんは、大学進学後にできた友人が過食嘔吐していることを知ると、真似する形で過食嘔吐をするようになった。過食嘔吐するときは、決まって子どもの頃、養父に食べきれないほどの大量の夕食を無理やり食べさせられていたことを思い出し、「もう食べたくない！」と言って泣きながら過食し、その後嘔吐した。

さらに大学3年時、三宅さんは身長１５８㎝、体重は50kgあるかないかの痩せ型だったにもかかわらず、同じ学科の意地悪な女子に目を付けられ、「どこが瘦せてるの？」「50kgとか大台じゃん、あり得ないんですけど」などと執拗に言われ続けたことで、「自分は太っている」と思い込んでいた。

同時に、不眠に悩んでいた三宅さんは、大学のカウンセリングを受けることに。だが、「眠れないんです」と相談すると、カウンセラーは、「みんなそうだよ、当たり前だよ」と言い、ウィキペディアの不眠のページをプリントしたものを渡されただけだった。

やがて大学4年生になったとき、三宅さんは突然、嘔吐の胃酸による歯の溶けが気になり始め、不安に襲われる。急いで摂食障害治療を標榜する精神科を探すと、駆け込んだ。すると最初に受診した精神科医からは、「君が精神的に病んでるのは、本当に気持ちのいいセックスをしていないからだよ」と言われ、絶句。また別の精神科を訪ねると、「親への感謝が足りないからだ」と宗教に勧誘された。

この頃の三宅さんは、人生最大のピンチを迎えていたと言っても過言ではない状況だった。にもかかわらず、藁にもすがる思いで訪れた精神科が、悲しいくらいにハズレばかり。

「精神的にも身体的にも限界で、いつも朦朧としていたからか、この頃の記憶がほとんどありません。処方された精神薬の副作用と摂食障害による栄養失調で毛髪が抜け、目が見えづらくなっていました……」

それでも三宅さんは、夜の仕事も大学も休まなかった。

「当時は判断能力も落ちていたため、病院を変えるという発想も余力も無くなっていて、大学の講義に出ても議論についていけませんでした。そのせいで担当教授から不真面目な学生だと思われ、信頼を落としました」

そんな状況でも三宅さんは、大学院に進学する。

ある晩、銀座のクラブからお座敷の仕事に出た三宅さんは、隣に座った60代の男性に「実は私、大学院生で今試験中なんです」と話しかけた途端、「こんなところで大学院生が何をしているんだ。勉強しなさい。今日限り店は辞めなさい！」と言われ、60代の男性が自ら店にかけあって、本当に三宅さんを辞めさせてしまう。

男性は、自分が泊まっている品川のホテルに一室を借りて、そこで三宅さんに試験勉強をさせた。さらに、三宅さんが学費や生活費を自分で出していることを知ると、援助を申し出てくれた。

「摂食障害の中でも特に過食嘔吐は、１人で食事をしているときに起こりやすいため、その男性は可能な限り私と一緒に食事を一緒に摂り、『食べることは良いことだ』『どんどん太りなさい、健康になりなさい』と励ましてくださいました。嘔吐を無理に止めるようなことはせず、私が吐いてしまっても、『もったいないじゃないか』と気楽に笑ってくださったのです」

その男性のおかげで、三宅さんは摂食障害から徐々に回復。精神科を変えることもできた。

「少し回復してから、以前処方されていた薬について調べてみたところ、抜け毛や目が見えづらくなるなどの副作用が出たら、直ちに使用を中止すべき薬だったのだと知りました。あのまま服用を続けていたら、毛髪も視力も失っていたかもしれません……」

こうして三宅さんは、人生最大のピンチを乗り切っていった。

コンプレックスまみれの母親

中学の音楽教師である母親は、家では「私は仕事もできて生徒にも慕われている」と言っていた。だが、三宅さんは高校生くらいの頃から、「とてもそうは見えない」と思っていた。

「転勤する度に新しい学校で敵を作り、その先生の悪口を言うのが母のパターンでした。保護者の方から苦情が来ることも珍しくなく、家ではよく生徒の悪口を言っていました。また、男子生徒を男として性的に見ており、あたかも男子生徒と恋愛をしているような口ぶりで話すことも多かったです」

　母親は度々学校で問題を起こし、教育委員会から指導を受けていたという。

「昔から母は、『教育委員会からこういう注意を受けた、あいつらが間違っている』というようなことを私に話していました。幼い頃の私は完全に母の味方だったので、母の言い分を鵜呑みにし、教育委員会が敵であるかのように考えていました。でも今思うと、すべて母のほうがおかしくて、ただのわがままだったのだと思います」

　例えば、三宅さんが小学校高学年くらいのとき、母親は重要な会議にジーンズをはいて行ったところ、教育委員会から「会議に不適切な格好」として注意した。すると母親は、「胸が見えるようなスーツを着た女性教師もいたのに、私だけ指導されるのはひどい。言いがかりだ！」と憤慨。当時の三宅さんは母親の肩を持ったが、現在の三宅さんは、「皆がスーツを着て参加するような大切な会議の場にジーンズで参加すれば、指導されて当たり前。このようなことが頻繁にありました」と話す。

　成長するにつれて、子どもが親の社会的能力を客観的に評価できるようになっていくのは自然なことだ。三宅さんは大学進学をきっかけに親元を離れ、銀座で働き始めたことによって、いち早く母親を評価できるようになっていった。

「22～23歳の頃、母がコンプレックスまみれだったのだと気が付きました。それまで母が私に理不尽に課してきた『学年首位でなければならない』とか、『高学歴でなければならない』などといった厳しい試練や努力は、母自身が成し得ず、成す努力すらしなかった母の願望やコンプレックスのすべてだったのです」

三宅さんによれば、母親のコンプレックスは、受験したすべての音大に落ちたことが大きなきっかけだという。

「母はルックスには自信があったと思いますが、経歴に関してはコンプレックスまみれでした。母はよく、『四大にさえ入っていれば私の人生は上手くいったのに！』と言っていましたが、私からすれば、母は自分の人間性が原因で起こるトラブルのすべてを、学歴のせいにしているように見えました」

必ず母親は初対面の相手と接する際、「私は〇〇（有名）大学の先生と学生の頃からの長い知り合いで、今でも講義に呼ばれたりする」などと、いかにもすごい大学を出ているような言い回しをした。

「例えば私は、書籍を執筆したり、テレビに出演などして有名なM先生の教え子なのですが、母は新しい学校での最初の挨拶のときに、『私はあの有名なM先生と昔から親しくしており、今後はより深いお付き合いになる』などと、自分はその先生と会ったこともないのに、嘘の自己紹介をしていました。必ず自分を大きく見せようと偽るので、陰で馬鹿にされることが少なくありません。初めから誠実に対応していれば円滑に回ったはずの人間関係を、見栄や嘘で自分から崩し、周りの人が呆れて離れていくと、すべて学歴のせいにしていたのです」

　異常なまでの自己顕示欲だけでなく、自己中心的な性格や精神年齢の低さも加われば、血のつながった肉親は見捨てなくても、他人が離れていくのは容易に想像がつく。

「私の母には、気を遣ってくれる優しい知人はいますが、対等に話せる友人はいないと思います。私は、他所《よそ》の親には友だちがいるのだということを、成人してから知りました」

妹と弟の現在

　三宅さんの６歳下の妹は、同じく大学進学を機に実家を出、現在は横浜で働いている。やはり実家を離れてから徐々に母親の異常性に気付き始めたが、三宅さん同様、精神的に不安定になることが増えた。

「母は、私と妹それぞれに、それぞれがお互いを憎しみ合うように言葉巧みに操っていました。このことは私と妹が実家を離れ、２人で話すようになって気が付きました。厳しい試練や努力を課せられて育った妹も私同様、自分に自信がなく、１人暮らしを始めてから、自殺未遂や過呼吸を繰り返し、現在も精神科にかかっているようです。先日も過呼吸になりながら私に電話をしてきて、『私は絶対に幸せになれない！』と泣き叫んでいました」

８歳下の弟は、関西の私立の芸大に進学したものの、一度も大学に行かずにずっとアパートでネットゲームをしていたところ、半年で１２０万円を課金していたことが発覚。すると、あろうことか弟は、すでに別世帯として独立していた三宅さんが使い込んだのだと言い張り、母親は弟を擁護。１２０万円を三宅さんに請求し、責め立てた。

「私は上京して１人暮らしをしていましたし、別の世帯として携帯電話やインターネットを契約し、支払いも自分でしていたので、全く無関係です。そもそも電話会社に確認すればすぐに真相がわかる話なのですが、母はそれをせず、ずっと私のせいだと責め立ててきました。結局、私が電話会社に問い合わせ、弟のゲーム課金による料金であることが確定しました」

以降、弟は実家に戻ったが、弟に甘い母親は３年次まで退学させずに、大学の学費を払い続けた。

三宅さんによれば、弟は高校まではどちらかと言うとリーダー格で、体育祭や文化祭などのイベントでは一番活躍するタイプだったという。

「でも、今思えば、弟にはひきこもる要因が多かったとも思います。私や妹と違って、弟は勉強や習い事を強制されなかった結果、全く勉強ができませんでした。そのため言葉や伝え方を知らず、自分の意見を文章化したり口に出したりすることが苦手になったのだと思います。また、母にとって弟は、〝彼氏のような息子〟ポジションでした。母は弟を叱れず、弟を叱る仕事はずっと私に任せていました」

弟がゲームばかりしていると、母親は三宅さんに弟を殴って叱るように命じ、三宅さんはその通りにした。瞬間、母親は弟に駆け寄り、「かわいそうに！　かわいそうに！」と頭をなでるのだ。

弟がひきこもってから約7年。冒頭でも少し触れたが、妹経由で弟が「東京に行ってみたい」と言っていたことを知った三宅さんは、「ひきこもりから脱出できるチャンスかもしれない」と思い、新幹線の切符やホテルを手配。会社を休んでひきこもり専門の支援施設に何度も赴き、弟上京後の支援計画を立てていた。また、不動産会社で働いている妹は、弟が暮らす部屋を探してくれていた。しかし弟との約束の日、三宅さんと妹が迎えに行ったところ、弟は家から出ることを拒否。「さすがに勝手すぎる！」と三宅さんが咎めると、弟は逆上し、「死ね！」「殺すぞ！」と言って三宅さんを突き飛ばした。

弟に突き飛ばされたときの肩の痛みが引かないため、「デスクワークで肩を痛めた」と嘘をついて病院を受診すると、医師に「腱に傷がついている」と言われ、三宅さんは現在もリハビリに通う。

それ以降、「もう二度と弟に関わりたくない」と思った三宅さんと妹は、母親から〝弟を見捨てた薄情者〟として扱われ、親族や近所にあることないこと吹聴されている。

母親との縁を切る

三宅さんは現在31歳。23歳のときに大学院に進んだが、摂食障害などで体調を崩し、25歳頃に一旦休学して就職。今は働きながら大学院に通う。

休学していた頃、母親から電話で、「弟の学費が足らない。実の父方のお祖母ちゃんから２０００万円騙し取って来い！」と命令されたが、さすがの三宅さんも、これには従えなかった。

「この命令が、おぼろげながら気付いていた母の異常性を確信に変え、母と縁を切る大きなきっかけとなりました。私は母には同意したフリをし、すぐに実の父方の祖母と母方の大叔母（三宅さんの母方の祖父の妹）にこのことを話しました。母がどれほど異常であるかを、身内が本当の意味で知り始めるきっかけでもあったと思います」

片や妹は、母親の異常性に気付きながらも、まだ母親に「愛されたい」「認められたい」という気持ちが残っており、完全には母親との縁を切れないで苦しんでいる。

「私も長い間、母を切れずにいました。実家に残っている妹と弟、祖父母のために、私が母の電話に対応したり、帰省したときに母の意地悪のターゲットになったりすれば、妹弟や祖父母への母からの攻撃が少しでも減らせるのではないかと考えていたためです。また、祖父母孝行のために祖父母宅には帰りたかったので、どうせ母にも会ってしまうと思うと、面倒な揉め事を避ける意味で、縁を切れずにいました」

しかし9年前に祖父が亡くなり、祖母は6年前に遠方の伯父（母の兄）と同居することになった。

母親は今年60歳になる。現在も母親とつながっている妹と大叔母（祖父の妹）によると、最近母親は、上司にあたる教頭か校長に暴力的な行為をしたことで学校を辞めさせられ、現在はひきこもりに関わる機関で働いているという。

これが本当なら、上の人はこの母親のどこを見て、ひきこもりに関わる機関に配属させたのだろう。

一方、三宅さんの養父は、３年ほど前に亡くなっていた。離婚後、母親から連絡を取り合うことを禁止されていたため、三宅さんも妹も死因も知らされず、葬儀にさえ出ていない。三宅さんは、妹から相続についての連絡があったため、養父の死を知った。

「養父と最後に会ったのは、私の成人式でした。10万円のネックレスをプレゼントしてくれて、別れ際に涙を流していました。当時の養父にとって10万円は、１０００万円くらいの価値があったと思います。子どもの頃に私を虐待していたことへの罪滅ぼしでしょうか。母と結婚した当初に感じられた、『この子の父親になるぞ！』という意気込みは本物だったのかなと思いました」

養父をおかしくしたのは、母親かもしれない。母親から離れたおかげで正気に戻った養父は、三宅さんへの贖罪《しょくざい》のつもりで成人式に駆けつけたのではないだろうか。

三宅家のタブー

先述した通り、私は毒親の家庭には、大なり小なりタブーが隠されていると考えている。タブーとは、例えばひきこもりの子どもをいない存在として扱ったり、夫の暴力支配が近所に知られないように、家族全員がひた隠しにするような事象を指す。限られた人間しか出入りしない家庭という密室では、しばしばこのようなタブーが生まれ、誰にも触れられないまま長い年月が過ぎるケースも少なくない。三宅さんの家庭にも、タブーがあった。

タブーが生じる家庭には、「短絡的思考」「断絶・孤立」「羞恥心」の３つがそろう場合が多い。

「短絡的思考」は、三宅さんの母親や母方の祖父母、大叔母に見られる。まずは母親だ。三宅さんによれば、ピアニストになることが夢だった母親だが、ピアニストになるために人一倍努力したかと言えば、どうもそうではないようだ。大した努力もせず、音楽大学にことごとく落ち、短大を卒業しているのにもかかわらず、初対面の人には自分を大きく見せようと、まるで有名大学を出ているかのような嘘をつく。これを「短絡的思考」と言わずに何と言おうか。

また、母方の祖父母、大叔母にもそれが見られる。母親が結婚後、三宅さんの実父が亡くなり、「最愛の夫を亡くした私の気持ちがわかるか！」と母親の女王様ぶりに拍車がかかるが、なぜ誰も暴走を止められなかったのか。特に祖父母は、「自分たちが勧めた見合い相手が死んでしまったから、責任を感じて強く言えなかった」と言うが、人の寿命など誰にもわからない。ましてや、自分の娘が孫たちを虐待していることを知っていて止めないのは、親として大人として無責任ではないのか。

三宅さんは、教師だった母親は痕《あと》が残る可能性のある体罰はしなかったと言うが、妹には一度だけしたことがあるという。妹に対して気に入らないことがあった母親は、そのとき作っていた熱々のラーメンを、ニヤニヤ笑いながら妹の頭の上からゆっくりかけたのだ。三宅さんはこの話を、妹とその場に居合わせた祖母から聞いて知った。妹は熱さと恐怖で過呼吸を起こし、痙攣《けいれん》していたところを祖母に処置された。祖母の処置が良かったのか、頭や顔に火傷痕は残らなかったが、こんなことがありながら、なぜ祖母は母親を叱責しないばかりか、専門機関などに相談しなかったのか。不可解極まりない。

さらに、三宅さんが高校生の頃の正月、大叔母宅での一件も異様だ。空腹の子どもたちを長時間待たせておきながら、遅れてきた母親を大叔母は叱らないだけでなく、その夜孫たちを泊めず、怒り狂った母親の待つ家にただ帰してしまう。

確実に孫たちが母親からひどい仕打ちを受けていることはわかっていたはずなのに、長年側にいながら止めもせず、放置していた祖父母、大叔母は、「短絡的思考」に陥っていた。もしかしたら1人でなく、祖父母、大叔母の3人だったから、正常性バイアスがかかってしまったのかもしれない。正常性バイアスとは、異常事態が起こっても、それを正常の範囲内として捉え、心を平静に保とうとする働きのことだ。この働きの度が過ぎてしまうと、本当に危険な場合にも、それを異常と認識せず、避難などの対応が遅れてしまう。１人であれば「異常だ」と気付けたことでも、３人いることでお互いに、「まだ大丈夫」と思ってしまい、次第に感覚が慣れていった結果、三宅さんや妹、弟が、困難な人生を生きる事態に陥ってしまった。

子どもの頃は、「厳しい＝愛があると信じて疑わず、私の家庭は教育熱心な素敵な家庭と思いこんでいた」と三宅さんが言うように、三宅さんも妹も、もしかしたら弟も養父も、さらに言えば祖父母も大叔母も伯父（母の兄）も、母親によってそのように思い込まされていたのかもしれない。離婚した後、養父が成人した三宅さんにネックレスをプレゼントしてくれたのは、母親と離婚して物理的にも精神的にも離れたことで、母親による洗脳が解けたからではないか。母親に支配されていた三宅家は、ある意味社会から「断絶・孤立」していた。

幼い頃は無条件に母親の味方だった三宅さんだが、高校生くらいからは、母親の社会的能力を客観的に評価できるようになっていく。大学の学費や生活費を捻出するために、社会勉強も兼ねて始めた銀座のホステスの仕事に就いたこともあり、三宅さんの母親に対する評価は研ぎ澄まされていく。「母はおかしい」「ただのわがままだ」という評価が確信に変わったとき、三宅さんは母親との縁を完全に切った。そこには母親に対する、「恥ずかしさ」がなかったか。

三宅家のタブーは、母親という〝腫れ物〟から生じ、母親が配偶者を亡くしたことで、手に負えないほど肥大化したように感じる。

毒親から子どもを救うには

三宅さんは成人後、伯父（母の兄）にたずねたことがある。「お母さんは、私のお父さんが死んだから、息をするように大きな嘘をついたり、人を貶めたりするようになったの？」と。すると伯父は、「いや、昔からやね。小さい頃からあんな感じやった」と答えた。伯父によると、祖父母は母親をずっとなんとかしようと努力してきたが、何をどう試みても変わらなかったという。

「母は仮病を使うことが多く、これまでに何度もがんになったり、何度も脳に腫瘍ができたり、何度も余命宣告を受けたりしたと言っています。精神科にかかることも多かったですが、『病気を治そう』という意志は全くなく、自分が病気であることを盾や言い訳にするためで、私や妹が少しでも母に何か相談しようとすると、『私のほうが苦しい、辛い』と薬を見せびらかしてきました。確かに、祖父母の育て方も母がおかしくなった原因のひとつだとは思いますが、私はむしろ、突然変異的な要素が強いように感じています」

ここで考えたいのは、例えば母親が、先天的な脳の疾患や自己愛性パーソナリティ障害などの精神疾患によって子どもを虐待してしまっていたのだとしたら、それは「仕方のないこと」なのだろうかということだ。

いや。それを「仕方のないこと」としてしまったら、子どもは救われない。

だからといって、「先天的な脳の疾患や精神疾患を持つ人が、子どもをもうけて良いのだろうか？」などという暴論を投げかけるつもりもない。

ただ言えることは、三宅さんや三宅さんの妹弟のような子どもを救うには、周囲の大人がいち早く異常に気付き、然るべき機関や専門家につなげることが重要ではないかということだ。そういう意味では、三宅さんの祖父母や大叔母や伯父は、その責任を少しも果たせていない。三宅さんや妹が、1人暮らしを始めたことをきっかけに摂食障害などの精神疾患で苦しむことになった責任の何割かは、祖父母や大叔母や伯父にもあると言っていいだろう。

また、優しさは甘さと紙一重だ。体に良いと言われる食材や薬でも、摂りすぎれば毒になる。三宅さんの母親がこれほどまでに手に負えない毒母になったのは、母親の持って生まれた気質に加え、祖父母や大叔母の優しすぎる（甘すぎる）性質が組み合わさって化学反応のように変化した毒によるのかもしれない。

苦しみ続ける子どもたち

現在三宅さんは、母親を相手取った裁判を準備している。

三宅さんの実父の遺族年金は母方の祖父が管理していたが、母親に言いくるめられてほとんど母親のブランド服やバッグに使われてしまった。三宅さんが大学2年生までしか学費を支払ってもらえなかったのは、それだけしか残っていなかったからだ。そのせいで三宅さんは摂食障害に苦しみながらも、大学も銀座のホステスの仕事も欠かさず、一時は失明の危険にさらされていた。だから三宅さんは、母親が使い込んでしまった父親の遺族年金を取り返そうと考えたのだ。

「母は妹に対して、『父の遺産は養育費として母に譲ります』という誓約書を書かせていました。母は、私たちが生まれてから大学を卒業するまでにかかったお金を、全部取り戻そうとしているのです」

自分から離れていった者には、実の娘であろうと容赦ない。やはり母親として、正気の沙汰ではない。三宅さんの実家には、10畳ほどの部屋いっぱいに、ブランド物のドレスやらバッグやらが収納されているという。子どもにかけたお金は惜しむが、ブランド物にはいくらでもお金を惜しまないということだ。

「母からの愛情ですか？　執着を感じたことは何度もありますが、愛情を感じたことは一度もありません。なので、結婚には憧れますが、私は結婚に向かないと自覚しています。現実問題、毒母もいますし、ひきこもりの弟もいますので……。本当は子どもも欲しいですが、100％毒親になる自信があります。私の場合はベタベタに可愛がって、『私はこんなに愛されなかったのに！』と自分の子どもに嫉妬してしまうと思います」

実際、第五章で紹介した緑川さんも、「虐待されずに育っている息子に嫉妬している」と言っていた。毒親や虐待の程度を測ることは難しいが、緑川さんも三宅さんも、比較的気性の激しい母親から、精神的にも肉体的にも重い虐待に遭っている。もしかしたら、この〝嫉妬〟と表現される感情こそが、毒親の連鎖の根本にあるのかもしれない。三宅さんには子どもはいないが、緑川さんはこの〝嫉妬〟と表現される感情に懸命に抗い続けているから、息子を虐待せずに済んでいるのかもしれない。

最後に三宅さんに、「もしもこの先、『お母さんが入院した。介護が必要になった』などという知らせを受けたらどうしますか？」と質問すると、「可能な限りの虐待の証拠を提示し、『私は彼女とは関係ありません』を貫きたいと考えています」ときっぱり答えた。しかしその後に、少し口ごもりながら、

「すごくブラックなことを言ってしまうと、弟が母を殺して、弟が刑務所に入ったら安心できるのにと思います。刑務所に入ったら更生プログラムもありますし、ひきこもっている今よりも社会につながることができるので……」

長年自分を苦しめてきた元凶である母親との縁を切ってもなお、人生を妨害され、苦しみは続く。毒母を持つ娘が本当の意味で毒母から解き放たれるのは、母親がこの世からいなくなった後なのだろうか。いや、自分がいなくなるときかもしれない。

今回、章としては取り上げなかったが、これまで私が取材してきた中で、こんな女性がいた。

結婚を目前に控えていた20代の女性は、2年ほど交際した婚約者の男性から、「君とお母さんの電話のやり取りを聞いていると、お母さんの言動はやくざのようだ。君のお母さんのことをリスクに感じるので、結婚を考え直したくなった」と言われたことをきっかけに、自分の母親が毒親だと確信。カウンセリングを受け始める。やがて女性は、カウンセラーのア

ドバイスをもとに、母親から送られてきた家族写真をすべて送り返したうえで、母親に絶縁宣言をすると、両親の戸籍から自分だけを抜き、自分が筆頭者となる「分籍」をした後、彼の戸籍に入籍した。

女性は、「分籍は戸籍を分けるだけで、法律上の影響はありません。相続権もありますし、民法の親の扶養義務もあります。でも、『自分の意志で親から離れる』という行動をとったという証になるので、親に対してというよりも、〝自分のため〟にするのであれば、良い手段だと思っています」と、晴れ晴れとした表情で語った。彼女は、「返送」「絶縁宣言」「分籍」という一連の行動を経て、ようやく母親から、「物理的にも精神的にも離れることができたと感じた」という。

「分籍」のように、〝目に見える形のつながり〟を断つ行為を、〝儀式的〟に利用することで、精神的に親から離れる方法もある。

もしかしたら三宅さんのように、毒親と縁を切ったつもりになっていても、完全には解き放たれず苦しめられ続けている人は、「分籍」という手段を試す価値はあるかもしれない。

終章　吉野さん長女との一問一答

最後に、第一章に取り上げた吉野透子さん（仮名）が自分自身と向き合うきっかけとなった、いじめから不登校になった長女に話を聞いた。文意を尊重し、最低限の体裁を整える以外はそのままとした。長女はなぜ不登校になったのか。どんなことを感じ、どんなことを考えていたのか。ぜひ第一章と照らし合わせながら読んで欲しい。

Q　幼稚園は好きでしたか？

A　どちらかと言えば好きでした。
当日いきなり園服を着せられて、いきなり園バスに乗せられて……と全く予備知識もない状態で行かされたので、あのときのストレスは覚えていますが、すぐに気にしてくれた子が友だちになってくれたので、行き始めて数ヶ月後には馴染んでいたと思います。

当時はまだ、「遊んでいればハッピー」というような頭でした。

Q　小学校は好きでしたか？

A　すごく嫌いでした。通い始めて3日目からもうつまらなかったです。学習面で少し厳しい幼稚園に行っていたので、1年生で「え？　今その内容……？」となった記憶があります。

「なんとかしてズル休みできないものか」と思いつつ、一度もズル休みはしませんでした。

2年生から担任教師との折り合いが悪く、3年生からはクラスメイト数人からのいじめがあり、4年生からまた担任教師と合わず、5年生はクラス全体のいじめ。6年生は担任教師が4年生のときと同じ教師で、さらにクラス全体のいじめもあり、いろいろな意味で集大成でした。

6年時の担任教師は、よく天動説と地動説の話を持ち出して、「少数派でも合っている可能性があるのだから意見を言え！」と言ったのですが、担任教師の意見と反対の意見を言う子を晒しあげたり馬鹿にしたりしていました。そして気に入らない子にはとことんキツく当たっていましたね……。

Q　中学校で学校に行けなくなったとき、どんな気持ちでしたか？

A　行きたくないし、行かない選択をできて、「休めてラッキー！」でした。母は泣いてたけど、当時の私は疲れ果ててたので何とも思わなかったです。思考が停止していたと言いますか、ただ休ませてもらえたことに安堵しました。
でも、当時は「母に心を預けられない」と思っていて、信頼できない母がいる家から出られない環境がストレスだったのか、しばらく心は死に続けました……。

8年ほど前のことなのできっかけは曖昧ですが、話を聞いてくれるようになってからでしょうか。少しずつ母に心を預けられるようになりました。

Q　長女さんから見て、お母さんはどんな人でしたか？

A　かわいそうな人だなーと。
以前の母は、病的なまでに父の命令を遂行していましたが、最近は従わないことや、不満があれば言うようにはなりました。

以前の私の家庭は、父の機嫌を全員でうかがって、母がストレスで私に当たり、私が妹に過保護を発動することでなんとか保たれている家庭でしたが、現在は、私が父を恐れなくなりました。

私の妹への過保護は、妹を可愛がることで、私が癒やしを得ていたのだと思います。現在は妹への過保護は抜けつつある……と信じたいですが、自分のことだと視野は狭くなってしまいますね。

Q　長女さん自身は、幼い頃どんな性格でしたか？　今はどんな性格ですか？

A　性格とはまた違うかもしれませんが、家では喋らなかったです。
母に「学校はどうだった？」と聞かれても、「普通」と返して終わりでした。喋る体力も気力もなかったのかもしれません。

今はびっくりするくらい喋ります。母に聞かれずとも自分から喋りに行きます。

喋るようになったのは、母が変わったからでしょうね……。私が変わっただけでは、友だちなどに話して終わりだったと思いますから。

Q　長女さんの得意なこと、苦手なことは何ですか？　幼い頃と今で変化はありますか？

A　得意なことはイラスト、苦手なことは数字や、バスケやバレーなど手を使う球技です。
イラストは完全に独学です。

美術やデザインの学校へ行きたいと思ったこともありましたが、学歴もないし、そもそも専門学校も近くにないのでやめました。

最近は個人からの依頼をネットで受けて、報酬を得ています。

昔は算数は得意だったのですが、気付いたら、自分で設定した4桁のパスワードを忘れるほど数字が苦手になっていました。

Q　学校に行けなかった数年間、どんなことを考えていましたか？　何をして過ごしていましたか？

A　死にたいけど死ぬ勇気がないから、「家にトラックでも突っ込んでくれないかな」と思っていました。
奥まった場所にあるので可能性は限りなく0に近いのですが……。

していたことはYouTubeで動画を見たり、好きな時間にご飯を食べたりと、割と好き勝手していました。

疲れていたので、当時はイラストも月に1枚描くかどうか。落書きレベルで「趣味」とは言えないものでした。

高校1年生のときに友だちに絵を褒められてから、1ヶ月に1枚程度描くようになり、19～20歳くらいの頃から、1ヶ月に2～3枚くらい描くようになりました。1枚に10時間～15時間ほどかけています。

今は「趣味」と言えるくらいには描いているかなと思います。

Q　高校に行こうと思い立ったのは、何がきっかけだったのですか？

A　「そろそろ復帰しなくてはいけないのでは？」という焦りからでした。友人ができたので無駄ではありませんでしたが、結果的に「無理に行く必要なかったな」とも思います。

疲れが完全には取れておらず、焦りのみだったので、精神的な負担が増え続ける一方で、再び行けなくなってしまいました。

当時はどうして学校に行けないのか不思議でしょうがなかったです。普通の高校ではなかったので、不安定な生徒が多かったことも起因すると思われます。

Q　アルバイトをしようと思い立ったのは、何がきっかけだったのですか？

A　前述の通り、焦りからです。お金を稼ぐという行為自体に興味もありました。現在の職場は2年以上続いているのですが、いまだに1日3時間〜5時間程度しか働けません。

Q　自分のことを共依存だと、もしくは共依存だったと思いますか?

A　思います。以前は母や父が不機嫌だと、「自分がどうにかしなくてはならない」と焦っていたからです。学校に行けなかった数年の間に、他人と自分ではペースが違うと認識できたことで焦らなくなりました。

Q　将来の夢や目標はありますか?　どんなことですか?

A　イラストだけで生活できたらいいなと思います。

Q　将来結婚や出産をしたいと思いますか?

A　結婚であれば、〝他人に人生を半分預けてもいいな〟という感覚になることに、出産であれば、痛みに興味があります。でも、両親を見て育ったため、しようとは思いません。余計な責任を負いたくないですし、これからは自分1人で好き勝手に生きたいなと思います。

Q　「毒親」という言葉は、過去のお母さんに当てはまりますか？

A　当てはまると思います。自分と父の機嫌が最優先事項で、私の気持ちや事情は二の次というような……。

最近まで毒親という言葉を知りませんでしたし、知ったところで否定していたかもしれませんが、今なら胸を張って言えます。「私の母は典型的な毒親だった」と。

でも幼い頃から、愛情はちゃんと母からも父からも感じていました。現在のほうがもっと感じられるようになりましたが……。

父は多少丸くなり、母は現在もたまに毒親の片鱗が顔を出しますが、ちゃんと話せば理解して謝罪してくれます。

父のことは好きとも嫌いとも思いませんが、母のことは、今も昔も変わらず好きです。

取材を終えて／相談先一覧

取材を終えて

前編の第一章は、不機嫌を撒き散らす父親とびくびくおどおどするばかりの母親の、機能不全家庭で培われた毒。第二章は、〃愛情〃という言葉で分かりにくくなった「子どもは親の所有物」という思い込みや学歴至上主義という毒。第三章は、男尊女卑の思想や嫁姑問題などでこじれ、家の弱者である娘が搦《から》め捕られた共依存という毒。そして第四章は、何度も抗いながらも母親を看取るまで逃れられなかった毒。４つの毒を取り上げた。

後編の第五章は、母親と継父から虐待を受けて育った女性が母親となった後、自身に内包する毒との戦い。第六章は、母親に蔑ろにされて育った女性が、母親の生き方に執拗に反発してしまう共依存という毒。第七章は、母親亡き後も苛まれ続ける毒の後遺症の恐ろしさ。第八章は、手に負えないほど〃家庭のタブー〃化した毒母と絶縁するまでの娘の葛藤。やはり４つの毒を取り上げた。

８つの毒は、いずれも少なくとも祖父母の代から連鎖している。遡ればもっと古くからある毒なのかもしれないが、８人の女性たちはそれぞれの方法で、自分の代で毒の連鎖を止めようと努力し続けている。

８人の女性と吉野さんの長女の話を聞き、改めて母親という存在の大きさや責任の重さを思い知らされた。８人の女性や長女の話からは、気付きや学ぶべき点が数多くあるが、もちろんすべてを実行しようとする必要はない。取材と執筆を終えて、私自身は「子どもを自分の所有物扱いしないこと」ただ１点だけに集中して子育てをしていきたいと考えている。

子どもを１人の人間として扱い、気持ちや事情を尊重する。万が一踏みにじってしまったときには、心から謝罪する。大人同士の付き合いの中では普段から当たり前にしていることを、子どもに対しても同様に行うだけのことだ。

とはいえ、それも簡単ではないことはよくわかっている。すぐに変えることはできなくても、常に頭の片隅に置いておき、まずは実行できなかったときに子どもに謝罪することから始めてみようと思う。

相談先一覧

■児童相談所虐待対応ダイヤル（厚生労働省）https://www.mhlw.go.jp/stf/seisakunitsuite/bunya/kodomo/kodomo_kosodate/dial_189.html

１８９（通話料無料）

「虐待かも?」と思ったときなどに、すぐに児童相談所に通告・相談ができる全国共通の電話番号です。

「児童相談所虐待対応ダイヤル『１８９』にかけるとお近くの児童相談所につながります。

通告・相談は、匿名で行うこともでき、通告・相談をした人、その内容に関する秘密は守られます。

■24時間子供ＳＯＳダイヤル（文部科学省）https://www.mext.go.jp/ijime/detail/dial.htm

0120-0-78310（なやみ言おう）

子どもたちが全国どこからでも、夜間・休日を含めて、いつでもいじめやその他のSOSをより簡単に相談することができるよう、全都道府県及び指定都市教育委員会で実施しています。前ページのダイヤルに電話すれば、原則として電話をかけた所在地の教育委員会の相談機関に接続されます。

■こどもの人権１１０番（法務省）https://www.moj.go.jp/JINKEN/jinken112.html
0120-007-110
「いじめ」や体罰、不登校や親による虐待といった、子どもをめぐる人権問題は、周囲の目につきにくいところで発生していることが多く、また被害者である子ども自身も、その被害を外部に訴えるだけの力が未完成であったり、身近に適切に相談できる大人がいなかったりする場合が少なくありません。「こどもの人権１１０番」は、子どもの発する信号をいち早くキャッチし、その解決に導くための相談を受け付ける専用相談電話。子どもだけでなく、大人も利用可能です。電話は、最寄りの法務局につながり、相談は、法務局職員または人権擁護委員が受けます。相談は無料、秘密は厳守されます。
メール相談・ＬＩＮＥ相談もあります。https://www.jinken.go.jp/soudan/PC_CH/0101.html

■親子のための相談ＬＩＮＥ（厚生労働省）https://www.mhlw.go.jp/stf/newpage_29751.html

「親子のための相談ＬＩＮＥ」は、子育てや親子関係について悩んだときに、子ども（18歳未満）とその保護者の方などが相談できる窓口です。

・匿名（ＬＩＮＥ上のアイコンとニックネーム）でも相談ができます。

・相談内容の秘密は守られます。

一人で悩まずに、気軽に相談ください。

■チャイルドライン（特定非営利活動法人チャイルドライン支援センター（認定ＮＰＯ））

https://childline.or.jp/

0120-99-7777

チャイルドラインは、18歳までの子どものための相談先です。

かかえている思いを誰かに話すことで、少しでも楽になるよう、気持ちを受けとめます。

お説教抜き、押しつけ抜きで子どもの「声」に耳を傾け、どんなことも子どもと一緒に考えます。

また、子ども権利条約の理念に基づき、子どもの「声」を受けとめ、その「声」を社会に発信し、子どもの生きやすい社会をめざしています。

チャット、ネットでんわ「アプリ」でもつながれます。

■よりそいホットライン（一般社団法人　社会的包摂サポートセンター）https://www.since2011.net/yorisoi/
0120-279-338（岩手・宮城・福島県からは0120-279-226）
よりそいホットラインは、誰でもご利用いただける悩み相談窓口です。電話、ＦＡＸ、チャットやＳＮＳによる相談に対応。どんなひとの、どんな悩みにもよりそって、一緒に解決する方法を探します。
よりそいホットラインは、厚生労働省の補助金事業です。
チャット相談もあります。https://comarigoto.jp/

■子どもシェルター　https://carillon-cc.or.jp/place/
さまざまな事情で、家庭などで、安全に暮らすことができないと感じている子どもが緊急で駆け込むことができる居場所です。子どもは無料で子どもシェルターを利用できます。ひとりひとり、個室で休むことができます。洋服や日用品を備えています。病院へ行くことができます。手作りの美味しいご飯が食べられます。

児童福祉の資格をもつ職員や弁護士が、子どもの気持ちに寄り添い、これから生活していく場所や方法を一緒に考えます。

日本各地に、民間団体によって運営されている子どもシェルターがあります。（子どもシェルター全国ネットワーク会議　https://carillon-cc.or.jp/meeting/）

子どもシェルターへの相談は「東京弁護士会子どもの人権１１０番」（https://www.toben.or.jp/bengoshi/center/tel/children.html）から行えます。

おわりに

『毒母は連鎖する　～子どもを「所有物扱い」する母親たち～』を最後まで読んでいただき、ありがとうございました。

この本は私にとって人生初の著書になります。そのため、ウェブ記事で私の活動をご存知の方以外は、「旦木瑞穂って何者？」「どんな経歴を持った人なんだろう？」と思われたかもしれません。

そこで、この場を借りて、私、旦木瑞穂の簡単な自己紹介とともに、この本を執筆するに至った経緯や、私が家庭問題をテーマに執筆する理由をお話しさせていただきたいと思います。興味のある方はぜひお付き合いください。

私が現在のように、複数のオンラインニュースサイトで連載記事を執筆するようになったのは、２０１９年３月に、父を亡くしたことがきっかけでした。

私は大学を卒業後、印刷会社や広告代理店でグラフィックデザイナーをしていましたが、

２０１１年に出産し、産休・育休を経て、２０１２年に職場復帰したあと、無理がたたって体調を崩し、２０１５年に退職。回復後は、フリーランスのデザイナー兼ライターとして独立しました。

デザイナーとして印刷物のデザインを手掛ける傍ら、ライターとしては、オウンドメディアや終活専門雑誌での終活をテーマとした記事の企画・取材・撮影・執筆などをおこなっていましたが、２０１９年２月に父が脳梗塞で倒れ、１ヶ月ちょっとの間、要介護状態になり、ダブルケアや通い介護の壮絶さを体験したのです。

父を見送った後、「終活専門ライターとして、お父さんを亡くした経験を記事にしませんか?」と、あるニュースサイトの編集者さんに提案されて書いた記事が好評となり、以降、東洋経済、プレジデント、現代ビジネス、ダイヤモンド、アエラドット、日経アリアなどのオンラインサイト、『サンデー毎日』などで介護や終活に関する連載を担うこととなり、活動の場を広げてきました。

その中で、私は介護にまつわる家庭内の人間ドラマに魅せられていきました。

本来、家庭とは、〝家族〟という限られた人間しか出入りができず、その内部を他人が自由に見聞きすることは不可能です。通常、家庭内で起こったことは、その家庭の構成員である家族が口を割らない限り、外に漏れることはありません。しかし取材であれば、その家庭の内部の一端を、つぶさに知ることができます。

特に、大人になった子どもによる老親の介護は、介護者が子ども時代、その親がどんな人物だったか、どのような時間を共に過ごしたかなど、その家庭の歴史を紐解く作業にほかなりません。「こんなに愛情を注いでくれた親だから、自分の手で最期まで介護したい」という介護者もいれば、「親らしいことなど何ひとつしてもらわなかったのに、なぜ自分が介護をしなくてはならないのか」という介護者もいます。その考えに至った理由が家庭内には隠されていることがあり、取材ではその理由を探らせてもらいました。

私は多くの取材対象者と会ううちに、家庭の十人十色さに度々驚かされ、家庭の虜になっていました。

そんな頃です。本編でも触れましたが、娘の成長とともに、プライベートでも、他の家庭を垣間見る機会が増えていきました。

娘が生まれてから最初に大きなショックを受けたのは、娘が保育園の卒園の年です。第二章の後半でも取り上げましたが、基本的に共働きで、子育てや家事や仕事に追われ、忙しい親が大半であるはずの保育園なのに、娘のクラスメイトのお母さん方から、わざわざ余計な仕事を増やすようなことを提案され、私は反対したのですが、賛同したお母さんのほうが多かったのです。あのときほど、自分がマイノリティだと思い知ったことはないと思います。

　さらに娘が小学校に入学し、友だちの家庭の話をしてくれるようになると、

「世の中には、プチ過保護・プチ過干渉・プチネグレクトで、自覚のない〝毒親未満〟の親がとても多いのではないか？」

「子どもを〝自分の所有物〟と勘違いしている親が少なくないのではないか？」

と疑わざるを得ないようなエピソードを度々耳や目にするようになりました。

　共働きが増え、子どもに時間を割けない親が少なくない一方で、少子化が進み、子どもをじっくり気にかける親が増えたという相反する現象が同時に起こっていることも、理由の1つだと思います。子育て真っ只中にいるからこそ肌身に感じることだと思いますが、「毒親」や「親ガチャ」という言葉が広く知れ渡った今、「自分は毒親かもしれない」と悩む親が増えた反面、そんなことを微塵も心配しない親もいます。

　そんな中、私が考えたのは、

「自覚がない人に、気付くきっかけを作れないか？」

「社会全体で気を配る機会作りができないか？」

ということでした。


私は子どもを持ってから、テレビや新聞で親による子どもへの虐待や虐待死のニュースを目にすると、心臓がギューッと締め付けられるような感覚に襲われるようになりました。

多分、無意識のうちに虐待死した子どもと自分の子、虐待してしまった親と自分を重ねて感情移入してしまうことによる症状だと思います。

また、子どもを持ってからというもの、自分が子どもの頃のことを頻繁に思い出すようになりました。

自分も子育てをしているからこそ、自分が子どもだった頃の親の気持ちが少しはわかるようになり、身近に子どもがいるからこそ、やはり多少ではありますが、子どものことがわかるようになる。そして、自分も子どもだったことがあるからこそ、子どもの頃の気持ちを思い出す。だから余計に、親による子どもへの虐待死事件を、我がことのように重く受け止めてしまうのではないかと思います。

こうした悲しい事件を減らすことに、少しでも貢献できないかと考えたのも確かです。これが、この本の原案となった、『子どもは親の所有物じゃない』という連載をスタートしたきっかけであり、この本を執筆するに至った経緯です。

この世に、家庭ほど特殊な空間が他にあるでしょうか。

終戦後の日本は、まだ2世帯同居が一般的でしたし、家の構造は木造が大半で、引き戸やふすま、障子が多く、家の中も外も、今ほど家族や個人のプライバシーが守られていませんでした。しかし現在は、核家族が主流となり、家族の単位が小さくなりました。家の構造も高気密・高断熱化が進み、家の外に音や声が漏れにくくなってきているだけでなく、各部屋の防音性能も向上しています。

これは、家庭という空間の密室化が進んだと言っても過言ではないでしょう。

私は、家庭という特殊な空間の密室化が進んだことが、親から子への虐待や夫婦間のＤＶ、ひきこもりなどの家庭問題が生じやすくなった一因ではないかと考えています。

タブーとは、触れたり口に出したりしてはならないとされているものを表す言葉ですが、家庭という密室では、しばしばタブーが生まれ、誰にも触れられないまま長い年月が過ぎるケースが少なくありません。

こうしたタブーに魅せられて、私は現在、『家庭のタブー』という連載を執筆中です。その中でも度々、毒親問題を取り上げています。

〃事実は小説より奇なり〃と言いますが、中でも特に、〃家庭は奇なり〃だと思います。

謝辞

最後になりましたが、この本を出版するにあたり、お世話になった方々に御礼を申し上げたいと思います。

取材にご協力いただいた8人の女性と吉野さんの長女さん。みなさんのご協力がなければ、この本が世に出ることはありませんでした。本当にご協力ありがとうございました。

また、現代ビジネスオンラインで、『子どもは親の所有物じゃない』の連載企画に賛同し、光文社の樋口健様を紹介してくださった、講談社の出口拓実様がいなければ、ウェブ連載に端を発したこの企画が形になることはありませんでした。ご尽力誠にありがとうございました。

そして、出版にあたっては、光文社の樋口健様、杉本洋樹様にも感謝申し上げます。

それから、同業同志として夫として、側で支え続けてくれた古田雄介、連載企画のひらめきや癒やしを与えてくれる娘、いつもありがとう。

末筆ながら、この本を手に取ってくださったあなたに御礼を申し上げて、謝辞とさせていただきたいと思います。

ありがとうございました。また〝会える〟機会を楽しみにしています。

旦木瑞穂（たんぎみずほ）
愛知県出身。1975年生まれ。印刷会社や広告代理店でグラフィックデザイナー、アートディレクターなどを務め、娘が4歳になる2015年に独立。パンフレットやガイドブックなどの企画編集・デザイン・イラスト制作などのほか、葬儀・お墓・介護など終活や家庭問題に関する執筆を精力的に行う。
主な連載は、プレジデントオンライン「誰も知らない、シングル介護＆ダブルケアの世界＆家庭のタブー」、現代ビジネスオンライン「子どもは親の所有物ではない」、東洋経済オンライン「子育てと介護『ダブルケア』の現実」など。

毒母《どくはは》は連鎖《れんさ》する　子《こ》どもを「所有物《しょゆうぶつ》扱《あつか》い」する母親《ははおや》たち

2023年12月30日初版１刷発行

著　者 ── 旦木瑞穂
発行者 ── 三宅貴久
装　幀 ── アラン・チャン
印刷所 ── 堀内印刷
製本所 ── 国宝社
発行所 ── 株式会社 光文社
東京都文京区音羽1-16-6（〒112-8011）
https://www.kobunsha.com/
電　話 ── 編集部03（5395）8289　書籍販売部03（5395）8116
業務部03（5395）8125
メール ── sinsyo@kobunsha.com

　ISBN 978-4-334-10169-5
JASRAC　出　2308373-301

光文社新書

1275
朝、起きられない病
起立性調節障害と栄養の関係

今西康次

「だるさや頭痛、吐き気で起きられない」…中高生の1割が悩む起立性調節障害を栄養の観点から治療・改善させている医師が、発達に必要な栄養や周囲の対応について症例を交え解説。

978-4-334-10069-8

1276
人事変革ストーリー
個と組織「共進化」の時代

高倉千春

個が活きる組織とは——。複数の外資企業や日本企業で戦略人事や人事制度改革に取り組んできた人事のプロフェッショナルが、これからの日本企業に求められる「新たな知恵」を示す。

978-4-334-10088-9

1277
愛とラブソングの哲学

源河亨

この世はなぜラブソングであふれている⁉ 共感できるから？ 愛が普遍的だから？ 生物学・脳科学・歴史学・社会学など様々な学問を駆使して、哲学研究者が問いの答えに迫る。

978-4-334-10089-6

1278
ワクチンを学び直す

岩田健太郎

効果、安全性、種類、活用法——最新の動きに加え、予防接種制度や海外のワクチンも含めたワクチン接種の全体像を、感染症の専門家が分かりやすく解説。今こそ、正しい知識を！

978-4-334-10090-2

1279
日本企業はなぜ「強み」を捨てるのか
増補改訂版『日本〝式〟経営の逆襲』

岩尾俊兵

「カネよりヒト」のスタイルこそ日本企業の強みだったが、自らその姿勢を手放してしまったのはなぜか。東大初の経営学博士号を取得した気鋭の経営学者が説く、日本経済復活への道。

978-4-334-10091-9

1280

新説 徳川家康
後半生の戦略と決断

野村玄

秀吉の没後、豊臣家と豊臣恩顧の大名たちからの制約の中で家康はどのように政治的な手腕を発揮し、幕府の礎を築いていったのか。一次史料から家康の真の偉大さに迫る。

978-4-334-10131-2

1281

発達障害児を育てるということ

柴田哲　柴田コウ

父は発達心理学を研究する大学教授。母は公認心理師。発達の専門家夫妻が軽度自閉症児の息子と送る日々を、保護者視点と研究者視点を行き来しながら綴った「学術的子育てエッセイ」。

978-4-334-10132-9

1282

教養としてのパンク・ロック

川崎大助

「パンク」の語源は？　誰が「パンク・ロック」と名付けたのか？　なぜ髪を逆立てるのか？　なぜトゲトゲの付いた革ジャンを着るのか？　パンクの発想・哲学を名盤105枚とともに解説。

978-4-334-10153-4

1283

犯罪へ至る心理
エティエンヌ・ド・グレーフの思想と人生

梅澤礼

どのようにして人は犯罪に手を染めることになるのか。誰もが罪を犯しうるとしながら、それでも防ぐ方法を模索し続けた、20世紀ベルギーの精神科医・犯罪学者・作家の歩みを丁寧に辿る。

978-4-334-10134-3

1284

だからタイはおもしろい
暮らしてわかったタイ人の「素の顔」

髙田胤臣

経済格差、階級社会、利己主義……。微笑みの裏側には色々あっても、したたかに、サバーイ（気楽）に生きる。ともに暮らしてはじめてわかる、タイ社会とタイ人の本質とは。

978-4-334-10135-0

1285
毒母は連鎖する
子どもを「所有物扱い」する母親たち

旦木瑞穂

理不尽な仕打ち、教育虐待、ネグレクト……。子どもを自らの所有物のように扱い、負の影響を与える毒親。その中でもとりわけ母親から娘へと伝染する「毒」に8人の取材から迫る。

978-4-334-10169-5

1286
京大合格高校盛衰史
天才たちは「西」を目指した

小林哲夫

京大の「自負」と高校の「執念」。自由の校風と最先端研究を目指して繰り広げられた京大受験の歴史を、一九四九年以降の合格者数ランキングから徹底分析。東大ではダメなんだ！

978-4-334-10133-6

1287
台湾の本音
〝隣国〟を基礎から理解する

野嶋 剛

首都はどこ？ 親日である理由は？ 中国とはどういう関係？ 日本で関心が高まるわりに、実情はよく知られていない台湾。そんな〝隣国〟の姿を6つの問いから詳らかにする。

978-4-334-10170-1

1288
白内障の罠
一生「よく見る」ための予防と治療

深作秀春

後悔しないために…日常生活や栄養面での留意点、手術法の歴史や最新治療について、世界的眼科外科医が徹底解説&警告！プロの画家でもある著者が「見るとは何か」から教えます。

978-4-334-10171-8

1289
ボロい東京

三浦展

錆、苔、扉、管、看板、郵便受け……。ボロいのに、いや、ボロいからこそ美しい。ありふれたようで失われつつあるボロい風景の数々を、十数年撮りためたスナップから厳選した写真集。

978-4-334-10172-5